U0059949

大都會文化
METROPOLITAN CULTURE

大都會文化
METROPOLITAN CULTURE

女人
30+
活出最出色
的自己

序言

跨入30歲的門檻，一夕之間，女人的生活發生了很大的改變。30^+女人，不老但也不嫩了，一邊要小心翼翼地呵護青春的尾巴，一邊要戰戰兢兢地應對歲月的剪刀；30^+女人，在職場打拚都有些年頭了，機會多了，選擇多了，同時阻力也多了，衝勁也小了；30^+女人，生活漸漸複雜起來了，有親疏遠近的人際關係需要協調，有各種各樣的生活困擾需要解決。

「三十而立」，男人過了30，必須一路衝刺著去問鼎人生所謂的巔峰，對於生活在這樣一個時代的女人來說，又何嘗不是呢？

有人說，30歲到40歲，是女人一生中最關鍵的十年，是面臨抉擇最多的十年。在這段時間，女人面臨著一個又一個考驗。

第一道考題是愛情保鮮。三十多歲，該婚早就婚了，婚了的面臨著「短則三年之癢，長則七年之痛」，反正都到了需要保鮮的關頭。還沒有結婚的，早已不急了，是是非非，也當免疫了。無論結婚與否，對30+女人來說，都必須擁有一個相對穩定的情感歸宿。

第二道考題是衝刺事業。30+女人，最容易遭遇到傳說中的「玻璃天花板」，不向上，就摔慘。一個閃失，女人很可能就遺失了自信、自尊和自我，全盤崩潰。

第三道考題是駐顏有術。皮膚會衰老，容顏會逝去，思想會落伍，知識會過期，30+女人，最可怕的敵人是自己。外在光鮮的美麗，內在上升的氣質，這些都要求女人對自己狠一點。

考題一道接一道，考驗一個接一個，30+女人要調整好自己的心態，勇敢面對這一切。

30+女人告別了二十幾歲的狂放不羈和無所畏懼，迎接的將是四十幾歲的滄桑凝重和塵埃落定。站到了人生歷程的重要分水嶺上，未來是跌跌撞撞，還是無限精彩？關鍵是，當下的妳，是否正展現出最出色的自己！

第二章　30+女人眼中的世界／047

第三章　經營美麗，成為一道獨特的風景／083

第四章　提升自我，不被時代淘汰／137

第六章　立足職場，讓自己綻放光彩／213

第一章

30⁺女人是極品女人

30+女人是內涵豐富的優雅女人

優雅是年齡的特權。

——法國諺語

坊間流傳著已婚小女人們的一句話——「看好自己的老公，別讓他遇到30+女人！」這是因為，30+女人身上有一股讓男人沉迷的風情——優雅。

走過風花雪月、悲歡離合，經歷過懵懵懂懂、浪漫情懷，30+女人不會再像小女孩那樣嘰嘰喳喳地肆意揮灑和張揚青春，而是學會了在煙雨茫茫與滾滾紅塵中沉澱自己。

30+女人有過青春的挫折、有過家庭的革命、有過年輕的夢幻、有過現實的冷落，少女的任性已被現實磨礪得消失了色彩，調皮的嬉鬧已悄悄不見，取而代之的是閒適和從容。

閱歷、情感、生活的逐漸豐富在30+女人身上衍生出一種前所未有的成熟女人味，這是一種基於內在氣質所呈現出來的優雅。這種優雅從骨子裡滲透出來，是一種隨意自然的表露、一種美不勝收的風情。

一身曼妙的旗袍，薄施粉黛，娥眉輕畫，輕挽雲鬢，邁著輕盈的步伐，在巷口留一道修長的背影，昏黃街燈下滿載著略帶傷感的迷離眼神……張曼玉在《花樣年華》中舉手投足的美麗讓人窒息，她將30+女人的優雅演繹得淋漓盡致：一點妖嬈，一點含蓄，安靜得如同處子，溫柔得讓人沉迷。

「如果妳想紅唇誘人，請說善意的話；如果妳想明眸善睞，請看別人的優點；如果妳想身材苗條，請與人分享食物……」奧黛麗．赫本可謂是優雅的代名詞，她用一生詮釋了優雅女人的心境：保持著一顆平靜的心，少幾分矯情，多些許深沉和寬容，看淡現實中的無奈，逐漸學會理解，理解自己、理解別人並嘗試著理解世界。

歲月是把雙刃劍，它在女人的臉上刻下了一道道皺紋，也在女人的身上印下了優雅的芳香，且日臻醇香。

如果說20⁺女人豔麗如玫瑰，40⁺女人恬淡如菊茶，那麼，30⁺女人就如盛開的牡丹，麗質雍容，是一種紅顏於外、香韻於內的美麗，美得寵辱不驚，美得不動聲色。她們舉手投足、低頭淺笑的清香，會不經意地彌漫到人們身邊，縈繞鼻端，讓人難忘。

30⁺女人有了自己的眼光和品味，對時尚和潮流有著很高的悟性，知道怎樣讓自己更美麗，她會聰明地做到讓你清楚地感覺到她默然的存在。

30⁺女人不會輕易讓自己的心跳有太快的頻率，笑的時候是淺淺的，哭的時候也不會太大聲，她們往往抑衝動於賢淑之中，給人的感覺永遠是朦朧而柔和的。30⁺女人變得成熟、獨立，她們最擅長也最有資本的就是在輕描淡寫間應對一切，輕鬆而圓滑地周旋於各種人際關係之間。

容貌、氣質、智慧，從發散到收斂，從外放到沉潛，逐漸在30⁺女人身上集合，使得她們愈發精緻和細膩，最終呈現給世人一道道優雅的麗景。在歲月的打磨中，30+女人把美麗煉成了自信，把年齡化為了寬容，把時間凝結為溫柔，把經歷煉成了從容。30+女人，日漸綻放出珍珠般的光華，用自己的行動證明了那句法國諺語：「優雅是年齡的特權。」

30⁺女人是儀態萬千的魅力女人

> 魅力彷彿是盛開在女人身上的花朵。有了它，別的都可以不要；沒有它，別的都管不了事。
>
> ——英國作家，巴里

有這樣一個觀點：儀態是女人靈魂和內在精神的物化，女人的儀態是與特質、個性統一的。的確，正如30⁺女人舉手投足的氣度在一點一滴地詮釋著成熟的魅力一樣。

30⁺女人，人生已懵懂了二十年，對世間事理也已明白了七八分，可謂是小「不惑」，身心達到了和諧，體態也隨之柔和舒展。

30+女人，感情塵埃落定，事業蒸蒸日上，過去的她們有過失落，有過徬徨，未來的她們精彩無限，現在的她們積極進取，體態也隨之挺直而端莊。30+女人，雖不能說完全「知人知己，知天知命」，但是對人對己對世界已經能「看盡看穿看透」，她們的心胸豁達起來，體態也隨之雍容而飽滿。

你一定在張愛玲作品改編的電影或者電視劇裡見過這樣一個鏡頭：一個身穿旗袍、頭髮高高挽起的女子，緩緩地從樓梯上走下來，臉上帶著微微的笑容，身材的曲線隨著她每往前跨一步就自然地張揚一下，那種美讓你久久都不能忘懷……這就是30+女人儀態萬千的魅力，它衝擊著我們的視線，震撼著我們的心靈。

「心生則種種法生，心滅則種種法滅」，30+女人，從身體內部和心的深處自然而然湧動、流露出一種氣韻，一種經後天的努力與修煉達成的魅力。或許是一個眼神，或許是嘴角的一個弧度，或許是一個輕撫秀髮的小動作，都可以蠱惑無數的心扉。

30+女人，亭亭玉立地站著，高潔如荷，驕傲如梅，展示著一種挺拔而不僵直、柔媚而又富於曲線的姣美姿態，盡顯女性形體的線條美，體現了女性的端莊、穩重和大方，給人嫺靜、含蓄、深沉的美感。

30⁺女人，搖曳生姿地走著，快抬腳，邁小步，輕落地，腳步輕盈快捷，細柳蛇腰似有似無地輕擺動，展現著女性獨特的性感氣質，常使人有一種如沐春風的感覺，妙不可言。輕輕走過，鼓起一陣香風，迷醉了人眼，留下的只有無限的誘惑。

30⁺女人，溫文爾雅地坐著，不動如鐘，頸部線條優美圓潤挺拔，上半身自然挺直，神態從容自如，展現著嫻雅、文靜、柔美的獨特女人味，給人以文雅、穩重、端莊、自然大方的美感。

30⁺女人，和緩地笑著，嘴角微翹，眼睛瞇起，使人感到親切、安慰和愉悅，女人的嫵媚，盡可蘊涵在這不言的微笑之中，時時刻刻散發著迷人的芬芳。

培根曾說過：「形容之美勝於色彩之美，而佳言雅行之美又勝於形容之美。」30⁺女人就這樣在一舉手一投足的細微之處展示著只可意會、不可言傳的韻味，這股「女人味」像一杯清香的綠茶，意味深遠，令人回味無窮。

30⁺女人是瀟灑幹練的職場麗人

真正偉大的女人不會把自己死死地綁在家裡，她們也不會期望男人一輩子都朝朝暮暮守著她們。

——加拿大著名心理學家，梅爾勒．塞恩

30⁺女人開始真正明白這個道理：把自己完全寄託在男人身上，將會嘗到苦果。女人要擁有自己的事業。而自己的事業，只要努力，多多少少都會有收穫，而且事業永遠不會背叛妳。想通的她們不甘於做男人的花瓶和擺設，她們有自己的頭腦和主見，追求著自己事業上的成就。

30⁺女人對自己的工作都有著周密的規劃。經過幾年在職場上的經驗累積，她們在職務上已經嶄露頭角，有人甚至成為職場中的菁英。她們是上司眼中的紅人，是同事心中的偶像，是客戶信賴的對象。各行各業都活躍著她們俏麗的身影。

她們會在上班時穿著合身的套裝，脂粉輕飾的臉上永遠洋溢著微笑，她們熱情而不輕浮，瀟灑而又幹練，永遠是那道最美麗的風景。

身在職場的她們褪下了「大家閨秀」、「小家碧玉」的膽小、文雅抑或嬌羞，她們用自己柔弱的肩膀承受起了千斤的重擔，有點男人的氣魄，做事乾淨俐落，冷靜自律，堅定果敢。她們不會在同事面前表現出自己脆弱的一面，即使她們面對棘手的工作也不會像個小女孩哭哭啼啼，怨天尤人，更不會退縮，而是想辦法努力改變工作的被動局面，尋找問題的解決方法，在最短的時間內勝任工作，在職場中突顯自己的才能。

她們學會了「眼觀四面，耳聽八方」，說話辦事，左右逢源，滴水不漏。恰當的時候，她們懂得用「裝傻」來保護自己，而不會與人有過多的計較。必要的時候，她們還懂得利用一點點自己的「美色」，順利地克服工作中的難題，當然，她們對「美」與「色」的尺度會掌握得很到位。

除了努力工作之外，她們還深知職場規則。她們不會人云亦云，會積極地表現自己與眾不同的見解和思路。在與人談話，遇到有人提及有關感情或是別人隱私方面的話題時，她們會主動迴避，少發言。如果實在閃躲不及，也會巧妙地轉移話題。跟同事，她們會保持著適當的距離，不會太親密，也不會太疏離。

30歲以後，女人懂得了工作的重要性，並為自己所喜歡的工作而努力。全身心投入工作中的她們，嫻靜中伴隨著內在的無畏，對競爭激烈的職場，她們無所畏懼，縱橫廝殺的同時還保持著自己獨特的優雅和嫻靜的風度。

30+女人，頂起了自己的整片天空，她們孑然而立，開自己的花，結自己的果，收穫著跟男人一樣斑斕的秋天。

30+女人是情感動盪的困惑女人

人沒有做出改變，原因不外乎兩個，恐懼不足或誘惑不夠。

30+女人其實是有些困惑的。她們擔心自己的容貌不再，擔心自己在職場上打拚多年卻仍然沒有起色……讓她們感到困惑的問題很多，但最複雜、最難以排解的卻是感情上面的困惑。

女人一旦邁進了30歲的門檻，感情就開始變得很複雜。未婚的30+女人內心開始充滿焦慮，不再像以前那樣大咧咧地說：「不急，還早呢！」或者是「我還年輕，我要再玩兩年。」但是好像突然之間，從小在一起的姊妹淘一個個都有了自己的家庭，只剩下自己一個「孤家寡人」。

不管你承認與否，30歲還單身的女人在周圍人的眼裡彷彿成了「異類」，走到哪裡都被人議論紛紛。於是，家人、朋友開始輪番在她們的耳邊轟炸，就在她們不再堅持自己以前的觀念、做好待嫁準備的時候，她們突然發現：那個男人已經成了新郎，而新娘不是自己。女人只好再像過篩子一樣重新審視剩下的寥寥無幾的未婚男人，她們赫然發現這些人都不能列入結婚對象的範疇。因為早在多年前，這些人就已經是被自己淘汰的對象了。

「敗犬」無奈之餘，只能困惑：這樣的男人到底嫁不嫁？嫁，自己不滿意；不嫁，身邊確實沒有備選對象了。愛上一個已婚男人吧，自己的青春時光也就短短幾年，一是不一定等得到離婚，再者處理不好還可能被冠上一個「小三」的名聲，跟《犀利人妻》的黎薇恩一樣，最後吃虧的還是女人自己。困惑重重、憂心忡忡是30+未婚女人感情的最好概括。

而已婚的30+女人，也好不到哪兒去，她們承受著來自家庭和社會的重重壓力，同樣會感到煩惱、困惑和矛盾，同樣深受煎熬。她們找到了照顧她們的男人，但也面臨著可怕的三年之癢或者七年之痛。

已婚的30⁺女人都明白，有婚姻，不一定有愛情，假如不用心經營和守候自己的婚姻，可能就會失去。對老公管得太緊，他可能會反抗；不管的話，又怕他在外面花天酒地。這個分寸對於30⁺女人而言真的很難拿捏。

幸運的是房子很大，還有車子可以開，不幸的是老公經常不在家。30⁺已婚女人，時刻擔心著她的婚姻裡會冷不防出現一個第三者，辛辛苦苦建立的家庭說沒就沒了。但如果自己遭遇到感情上的「第二春」，那就更加糾結了。老公對自己越來越冷漠，身邊風度翩翩的那個他卻對自己一往情深，久違的甜言蜜語滋潤了女人乾涸的心靈，使人難以抗拒，該何去何從，如何取捨？有時候30⁺女人還真希望上天能給自己一個標準答案。

30+ 女人是溫馨小窩的愛家女人

男人為了各自家庭而承擔的工作，是努力支撐、發展和維護他們的家；至於女子呢？則是努力維護家庭的秩序、家庭的安適和家庭的可愛。

——英國社會改革家，羅斯金

不論家裡的建築面積是大是小，不論居住條件是簡陋還是奢華，也不論家庭生活是富足還是貧窮，30+ 女人都是愛家女人。這是因為家裡有愛，家裡有自己最愛的人和最愛自己的人，家裡有牽掛自己的人和自己牽掛的人。充滿愛的家是她們最珍貴的財富，她們也會把所有的心思都放在家裡。

30+ 女人知道，舒適是辛苦男人下班後最大的需要。細長的桌椅，過於精緻的織物，一堆一堆的小裝飾品，在女人的眼裡也許是迷人的，但是這些東西令一個疲倦的男人討厭。他需要一個地方去擱腳，放菸灰缸、報紙與雜誌。讓一個男人在家裡感到舒適，是使他留在家裡的最好方法。

什麼時候該買衣服，什麼時候該換棉被；哪些地方該收拾，哪些地方該打掃。30^{+}女人對這些家務瑣事有股直覺的本能，她們往往能化腐朽為神奇，把一個凌亂的家收拾得清清爽爽、舒舒服服。

30^{+}女人不會背著丈夫偷偷在外與人約會，也從不進入娛樂場所。即使因為工作需要有一些推不開的應酬，女人也會儘量早點趕回家。因為女人知道，家裡還有一個愛自己的人，癡癡地等待自己回家。

30^{+}女人，除了工作之外，心裡想的全部是自己的家人。她們知道自己的存在會給家人帶來許多的快樂。愛家女人會在丈夫勞累的時候送上一杯熱茶；她會在孩子寫作業的時候耐心輔導孩子的功課；她也會在家中長輩生病的時候，衣不解帶，細心周到地照顧他們。愛家女人就像和煦的春風，吹進家中每一位成員的心裡。

30^{+}女人雖然也有自己的事業，可在她們心目中，事業和家庭並不排斥。她們不會認為居家過日子是一種繁瑣的負擔，相反，她們認為自己能夠用手裡的鍋碗瓢盆為家人送上最溫馨的關懷是一件高興的事。這些愛家的女人，個個蕙質蘭心，她們能夠用自己獨特的眼光觀察習以為常的一切，從平淡的生活中發現美和快樂。她們將平淡的家務勞動變成了藝術創造的過程，把最平淡無奇的生活轉變成最富有詩意的活動。

30⁺女人出門的時候可以忘記帶其他東西，但是一定會記得攜帶家裡的鑰匙。因為家是她們必須回去的地方，是可以供自己休息和放鬆的溫馨港灣。在自己的溫馨小窩中可以生活得很真實，可以充分釋放自己的情感，可以開心地唱，放肆地笑，不必在意任何人。

男人經營事業，女人經營家庭。30⁺女人一心地把日子過好，讓自己的家裡充滿溫馨。在她們的細心經營下，平凡的家裡擁有了世界上所有的美好。

30+女人是圍城內外的迷惘女人

婚姻如圍城，城外的人衝進去，城裡的人衝出來。

——作家，錢鍾書

對於未婚的30+女人來說，婚姻就是那座圍城，嫁與不嫁時常困惑著她們。因為30+女人對愛情、婚姻、家庭有了自己獨特的見解，在處理這些問題時自然會顯示出自己的慎重與成熟。可是，從整個社會的角度來看，她們已經錯過了結婚生子的最佳時期，如果再把握不好30歲這個門檻，很有可能會抱憾終生，關心她們的親朋好友哪能不著急？

女人到了30歲還是單身，最難忍受的就是周遭旁人的冷言冷語，還有那看異類一樣的眼光，性格開朗些的女人還可以我行我素，以單身貴族自我安慰，可是隨著歲月的流逝，孤獨和寂寞也會時時煎熬著她們的心，感情世界的荒涼終是難以忍受的，任妳怎樣高傲也會發出這樣的渴望：「我想有個家，不需要很大的地方，但是它一定要有溫馨而浪漫的愛情。」是的，如果沒有愛，她們寧願獨自前行。30+女人對愛情仍然抱有極大的熱情，她們更加冷靜而智慧地選擇著婚姻。

對於已婚的30+女人來說，婚姻既是她們幸福的小宮殿，也是她們痛苦的絞刑架。在婚姻中，一不小心就讓自己失去了美麗而自信的年齡，當初那粉紅色的夢幻已然被歲月帶走，隨之而來的就是家庭中的食衣住行與柴米油鹽醬醋茶，每一樣都得自己操心，戀愛時培育的感情，大多都被這現實生活消磨得面目全非。大家都說「婚姻是愛情的墳墓」，還真是這樣啊！

30+女人對自己逐漸失去了信心，尤其是看著早出晚歸甚至不歸的老公，看著他那不耐煩的眼神，女人更是不知所措：關心多了，嫌妳麻煩；關心少了，外面就有了「溫柔鄉」。長此以往，情感得不到宣洩，鬱悶積聚於心中，女人就會變得挑剔、厭倦、猜忌、暴躁，說不定還感覺自己提前進入了更年期。可是不管怎樣，她們並不願意失去自己的家庭呀！雖然內心深處也想逃出圍城這個牢籠，也想獲得新生，也想隨性地生活，可是有了孩子，她們不能想隨性就隨性！家庭的破碎下，孩子總是最無辜的，也是受傷害最大的！傷心、茫然、絕望……之後還得舔乾自己的傷痛，做出自己的選擇，要嘛忍辱負重，繼續這種無味而無奈的生活；要嘛徹底改變自己，讓自己變得更完美、更精彩，吸引回那顆流浪的心。

當然，如果愛情已經蕩然無存，30+女人就不需要再徘徊不定了，fire掉不合格的丈夫，拋棄不幸福的婚姻！妳要堅信，前方依然有真愛在等著妳去尋覓、去邂逅，未來妳依然會有一路美好的風景。

圍城外有說不清的煩惱，圍城內有數不清的困惑，圍城內外的30+女人啊，迷惘之後，妳要明白，婚姻是現實的，家庭生活是瑣碎的，自主婚姻就把握在妳的手中，讓愛做主，智慧選擇，妳才會擁有精彩的人生！

30+女人是健康嫵媚的美麗女人

健康是自然所能給我們準備的最公平最珍貴的禮物。
——文藝復興時期法國作家，蒙田

30+女人對美有了更深刻的理解，她們明白了什麼才是真正的美。《花樣年華》中的張曼玉向我們詮釋了30+女人的美麗，它就如一杯經過歲月發酵的美酒，讓人不飲自醉。30+女人美得健康，美得嫵媚，這絕不是濃豔的妝容能夠取代的。這正如張曼玉的成功，歲月的流逝並沒有腐蝕掉她的風華，卻增加了她的內涵，磨練了她的心智，在時光沉澱中她積蓄了自己的精華。

30+女人更能理解嫵媚的真諦。有人說嫵媚是屬於少女的，其實少女還過於單純，不懂得如何綻放自己的嫵媚。30+女人身上所綻放健康嫵媚的美麗，是經過三十年修煉散發出來的魅力，模仿不來，學習不來，就如陳釀一樣，只有經過多年的發酵才會散發出悠長的酒香。那充滿朦朧神秘的嫵媚是一種獨特的氣質，那「猶抱琵琶半遮面」的神韻，展現的就是30+女人的精彩。

30+女人，不會再去節食瘦身，她們更加熱衷於美食營養，因為真正的健康美麗是吃出來的，只有建立了科學良好的飲食習慣，才能提高生命的整體品質。化妝出來的美麗不是真的健康美，吃出來的美麗才更健康。白裡透紅的紅潤臉龐，光澤細膩富有彈性的水嫩肌膚，絕不是化妝就能夠得到的。

30+女人眉眼間都充滿了喜悅，閃耀著成熟女人的快樂和驕傲，她們可以坐著紅木椅，喝著愛爾蘭咖啡，聽著法國情歌，在朦朧的燭光中等待愛人的到來，有點慵懶，有點迷離，說不出的嬌俏和嫵媚。沒錯，30+女人甜而不膩，媚而不妖，她們成熟中透出可愛，大方中蘊涵綺麗，平淡中彌漫著無限嫵媚，這就是30+女人的魅力。

30+女人懂得如何呵護美麗，懂得如何在日常生活中給予自己無微不至的照顧。她們積極加強健身鍛煉，做體操、練瑜伽、打羽毛球……在運動中保持自己健美的體形和健康的活力，以對抗歲月對皮膚、體形的侵蝕。

一件合身的衣服，一個自然的髮型，一次獨特的化妝，一副清爽而性感的裝扮，再加上優美的曲線、豐腴的身段、凝脂般的肌膚，無不在體現著30+女人健康嫵媚的美；這種美不是那些濃妝的青春少女可以比擬的，也不是那些不事修飾的中老年女人能夠想像的；這是只有30+女人才能擁有的美麗，只有30+女人才能擁有的魅力。

健康，因為理性；嫵媚，因為成熟。30+女人是健康嫵媚的美麗女人。那美，是氣質之美，是神韻之美，是理性之美，是成熟之美；那美，是三十年沉澱的結果；那美，源自深厚的文化底蘊和美的薰陶。

30+女人是追求激情的性福女人

女人三十如狼，四十如虎。

有一句格言說：蘋果成熟時才是最甜的，過早地採摘它，你嘗到的往往不是甜蜜，而是苦澀。對於30+女人來說，正是採摘這顆成熟蘋果的大好時節。

30+女人是追求激情的性福女人，為什麼這麼說呢？

首先，30+女人，並不會因為年齡的增長而導致性欲降低，相反，她們內分泌中雄性激素的增強使她們變得更加自信，對性亢奮的興趣越來越濃，她們更加想要追求激情，追求性的滿足。

再者，30歲之前，擔心懷孕，家庭工作充滿變數，跟男人感情還不穩定，林林總總的原因，阻擋了女人的性福路；到了30歲以後，她們可以放鬆心情，無拘無束地享受性生活。

如果說女人在二十多歲時還是抱著朦朧和好奇的心態開發這片領域，那麼30⁺女人已經有了比較豐富的性經歷，徹底擺脫了青澀，完全可以胸有成竹地盡情享受性的快樂了。

對於30⁺女人來說，性生活並不是生活的全部，家庭的和睦、丈夫的疼愛和忠誠才是她更注重的。對於她們來說，性愛是真情的流露，是建立在愛情之上的，是愛情的最高境界，是一種靈魂與肉體的結合。

30⁺女人，不會因性而性，她們的性需求中包含大量的感情需要，她們不僅需要男人和自己做愛，還渴望對方傾聽自己的話語，當接收到他的關心、呵護與支援時，就會散發出天然的女性特質。

30⁺女人心中有自己的標準，她們懂得什麼樣的性愛方式符合自己，她們懂得去品味、去體驗、去享受性福生活。她們像追求少年的夢想一般，追求自己喜歡的性愛情調，為了自己更美麗，為了自己更健康，她們追求著自己的性福。

30⁺女人懂得性高潮的獲得不是女人給男人預備的一道考題，她會主動把答案告訴男人，哪些做法讓自己愉快，哪些做法有待改善，在相互瞭解中登上性愛的高峰。

30⁺女人真正地理解了男人，她們在性愛的過程中體驗著女人的成功與快樂，構建著性福的溫馨港灣；30⁺女人依然性感，她們那種成熟的韻味，還有從骨子裡透出的風情，可以嫵媚得令人為之陶醉，令男人為之瘋狂；30⁺女人懂得性趣，她們能夠用自己的性感證明自己作為女人的驕傲；30⁺女人追求性福，她們能夠用自己特有的性趣證明自己依然魅力無窮。30⁺女人更加完美，她們的萬種風情可以在性愛的交流中發揮得淋漓盡致、激情四射。

30⁺女人，在激情四射的性愛中，讓自己的愛情有聲有色；她們在性福的生活中，越來越美麗！

30+女人是追求完美的上進女人

上帝保佑起得早的人。

——西班牙諺語

二十幾歲的小姑娘們喜歡追求弱柳扶風般的嬌嗔，習慣依靠心胸偉岸的男人；但30+女人絕不會這樣做。她們明白，這個世界上可以依賴的只有自己，女人就應該做生活中的強者，人生的葉子才不會枯黃，才可以在自己理想的天空中翱翔！於是，30+女人不僅向上，還在各個方面做得盡善盡美。

30+女人追求完美，無論是從穿衣到吃飯，從說話到做事，還是從生活到事業，她們都希望能夠得到別人的認可、讚美，能夠做到極致。她們瀟灑從容、舉止得體、儒雅大方，不管是神色態度，還是舉手投足，都會讓人心生憐愛；她們學識淵博、氣質優雅、談吐不凡，無論是盡心做事，還是追尋幸福，都會讓人由衷敬佩。

誰也無法抗拒歲月的斧鑿，即使妳天生麗質，歲月的長風也能吹散妳那傾城的容顏，唯有內質的修養才是永恆的經典。30+女人深諳這個道理，她們不會嗔怪歲月的無情，而是通過不斷地努力修煉，使自己變得待人接物真誠寬容，言談舉止優雅大方，真正的秀外慧中。這樣的女子又有誰能夠拒絕呢？青春的美貌漂亮一時，瀟灑的氣質美麗一世。30+女人追求的就是完美的知性熟女。

她們飽覽詩書，不斷陶冶自己的性情，讓書來提升自己的性格、思想、內涵、素質、修養等，在潛移默化中提高了自己的品味，擴展了自己的視野。30+女人在讀書中逐漸擁有了自己獨特的氣質和魅力：優雅淡泊、氣度不凡、柔美恬靜、超然灑脫、細膩溫婉、丰姿綽約、沉著睿智。

她們興趣廣泛，雖不能說是琴棋書畫樣樣精通，可也算得上是才藝佳人，那一顰一笑都充滿了詩情畫意般的溫馨，這樣的女人，歲月也無法淹沒她的光彩。

在世人看來，這樣的女人必定是氣質非凡、落落大方、學識廣博的，也必然能夠讓生活充滿更多的驚喜，讓生活變得更加完美浪漫。這也正是30^+女人的追求。

她們是圓滑女王，更是家政女皇，細心地照顧著丈夫及孩子的飲食起居；她們是育兒能手，陪伴寶寶玩耍，教導寶寶成長，是寶寶依靠的安全島，是寶寶休憩的溫馨港灣；她們是家庭中的滿分女主人，夫妻和睦，婆媳融洽，家務處理得井井有條，各種關係處理得順順當當；她們是職場中的風雲人物，左右逢源，縱橫叱吒，無論做什麼，她們都努力做到不出任何差錯。

在這個競爭激烈的社會中，女人們努力爭取著自己的發展機會，追求著自己的事業，要活就要活出一個名堂，要活就要活出點骨氣，誰說女子不如男人？這就是30^+女人，追求完美的上進女人！她們用智慧演繹著人生，創造著生活，豐富著人類的精神家園。

第二章

30⁺女人眼中的世界

30^+女人眼中的女人

兩個男人談女人，三個女人論是非。

——華文作家，張愛玲

世間不乏評價女人的文字，但評論者多為男人。男人從自己的角度，依照自己的標準，從各個方面來看待女人。符合男人標準的女人，男人大加讚揚；不符合這些標準的女人，男人通常會將她們貶低得一無是處。女人看問題的角度和男人大相逕庭，因此，女人眼中的女人是另一番景象。30^+女人眼中的女人有點可愛，有點傻。

30歲以後，女人開始認同「只專心於自己的小家庭卻忘記了生活情調」的女人，因為她們也正在經歷這種生活。青春飛揚的日子，和朋友一起去逛街，有時候在百貨公司逛到天黑，什麼也不買，就為看看琳琅滿目的商品；有時候，大家結伴看電影，買兩袋爆米花，就能消磨一個下午。可是，30歲剛過，女人再也沒有從前的閒情逸致。她們忙著做家事，忙著照顧孩子，天天把自己弄得像顆陀螺。偶爾想起來給姊妹淘打個電話，還沒等開始回憶從前，電話那頭已經嚷起來：「哎呀，我老公快回來了，我得做飯去！」

30歲以後，女人最認可「不會跟朋友姐妹情深卻兩肋插刀」的女人。30歲以後，女人大部分精力放在了家裡，和以前的朋友聯繫越來越少。一天到晚電話沒有幾通，見面的機會更是少得可憐。女人之間的聯繫雖然少了，可是並不表示她們之間的感情淡薄了。

女人遇到困難，姊妹淘會第一個趕過來幫忙。她們會陪著女人一起掉淚，順便一起喝斥陷女人於這步田地的壞蛋。輪到出錢出力，她們更是毫不遲疑，姐妹之間的距離或許遠了，但是心並不疏遠。

30歲以後，女人最熟悉「對男人嘴裡罵，心裡愛，心口不一」的女人。30歲以後，女人跟熟悉的人聊天時，聊來聊去總要聊到一個話題——丈夫或男友。每個女人都會滔滔不絕，大談自己男人的缺點。她們覺得自己的男人這也不好，那也不行，有點憤世嫉俗的樣子，好像自己這輩子嫁給這樣的男人簡直就死定了。然後再回過頭來將姊妹淘的男人誇讚一番，羨慕一番。看看時間不早了，女人各自找理由結束聚會，目的卻都只有一個——跟男人約會去。

30歲以後，女人最瞭解「愛打聽點小秘密，有時候又很可愛」的女人。30歲以後，女人普遍都會新添加一個怪怪的毛病。如果她們在街上碰見好朋友，朋友多半會拉過她們，附在耳邊悄悄地說：「我告訴你一個秘密，妳可千萬別告訴別人呀。」女人聽完禁不住莞爾一笑，原來朋友所說的「秘密」正是自己當初告訴朋友的。不知道轉了多少圈，經了多少人之口，又轉回女人這裡。

生活中，相信30^+女人都有這樣的嗜好。平日裡閒著無聊，就喜歡關心他人的生活瑣事，尤其是那些鮮為人知的「八卦」新聞。不過，對於這些秘密，女人一般是懷著敬重態度的。無論「秘密」是大還是小，總歸是不能洩露的。可是，自從聽來秘密，女人就憋得難受，就跟老太太蒸饅頭用的麵團一樣，脹在女人的心口。終於，女人堅持不住了，叫來自己的閨中密友，一吐為快。之後，女人一身輕鬆，終於不再受罪了。

30+女人眼中的男人

男人的內心像一顆核桃。外表是那樣堅硬，一旦砸爛了殼，裡面有縱橫曲折的閃回，細膩得超乎想像。

——中國當代女作家，畢淑敏

30歲以後，女人不會再像二十幾歲的小女生一樣，用是否擁有英俊瀟灑的外貌作為唯一標準來評價男人。30+女人有一定的知識積累和生活經歷，她們能夠用更加理性的思維來看待身邊的男人。

30歲以後，女人更加看重男人的胸襟。有時候女人會把簡單的事情辦得很糟糕，有胸襟的男人絕對不會對女人大聲喝斥，笑女人無能，更不會像個定時炸彈一樣不知道什麼時候就將女人取笑一番；有胸襟的男人總是耐心替女人找到錯誤的根源，一步步地幫女人分析事情的前因後果，直到女人破涕為笑。女人在胸襟寬廣的男人面前，可以自然、隨意地表達自己。30+女人不喜歡總與自己斤斤計較的男人，尤其是凡事都要爭個誰對誰錯的男人。其實過日子，本來就是一件糊塗的事情，爭來爭去，只會讓女人更加反感。

30歲以後，女人更加看重男人的風度。這裡所說的風度不是指儀容或儀表，而是在女人面前的氣度。有風度的男人會願意花錢為女人買喜歡的衣服和飾品，他們不會有絲毫的猶豫和不捨；有風度的男人認為錢花了，可以再賺，而女人的快樂卻是不容易買到的。女人在有風度的男人面前永遠不用擔心自己沒有一片天，因為這樣的男人即使只有一碗粥，至少也要分妳一半。女人和有風度的男人生活在一起，會感覺踏實、安全。女人不喜歡在小錢上都很算計的男人，尤其是妳哪怕要買個鈕扣，他都要挑最便宜的給妳的男人。算來算去，表面上看好像是省了錢，其實卻丟掉了女人的心。

30歲以後，女人更加看重男人的善良。善良的男人不光對女人好，對周圍的人也很好；善良的男人不會做傷害女人的事情，因為女人在他心中佔有很重要的地位；善良的男人就像春雨，不張揚，不外露，溫溫地、柔柔地、細細地滋潤著女人的心田，使女人時時刻刻能感受到他的愛。而那些帶著一副玩世不恭的態度、不時冒出幾句甜言蜜語的男人則徹底被女人拋到了腦袋的後面，她們最清楚，這樣的男人只會為了自己的目的假裝關心女人，不值得感動。

30歲以後，女人更加看重男人的成熟、睿智。這樣的男人在遇到事情時，永遠保持沉著、冷靜，總會把事情辦得妥妥當當，不用女人擔心。女人會覺得這樣的男人有依靠、有安全感，因為他總是能從一堆亂麻中理清頭緒，分清事情的主次，將不利的局面巧妙扭轉。女人從心眼裡瞧不起遇到一丁點的事情就方寸大亂、徵求女人意見的男人，她們認為這樣的男人沒有主見，不能為自己遮風擋雨，不值得依靠。

30⁺女人眼中的愛情

我愛你，沒有什麼目的，只是愛你。

——70年代著名作家，三毛

女人在十幾歲的時候，嚮往瓊瑤小說中那種不食人間煙火的愛情，總幻想自己的白馬王子會突然與自己邂逅；女人在二十幾歲的時候，迷戀英俊瀟灑、武功蓋世的俠客與美女的愛情，希望自己也能遇到一位英雄，一起闖蕩江湖；女人到了三十幾歲，不再幻想王子與公主的美妙愛情，轉向現實。對於這個年齡層的女人而言，愛情就是找到一個可以和自己踏踏實實過日子的人，並且能和這個人相互扶持，一起向前。30⁺女人，不再感動於情侶之間的纏綿。她們會羨慕一家人和和睦睦、在飯桌上有說有笑的情景。

30+女人眼中的愛情，是在她的他下班回家後，接過他的東西，遞上一杯熱茶，看著他的樣子就會很幸福。有時候他打電話告訴她會回來晚一些，她會提前準備好豐盛的晚餐，在飯桌旁傻傻地等他回來。

30+女人眼中的愛情，是在她的他不能準時到家的時候，內心一片慌亂，心中想著千萬種可能會發生的壞事，然後再千萬次推翻自己的想像。女人會從心裡罵他的晚歸，罵他害自己等那麼久。可是，一旦他到家了，她會長吁一口氣，心裡的石頭終於落了地。這時候的女人只知道為他的回家而高興，早就把要罵他的事忘到了九霄雲外去。

30+女人眼中的愛情，是在她的他臨時要出差時默默地為他收拾好行李，包括他喜歡的那本書，常喝的那種茶。女人默默地做著自己該做的事，怕他忘了東西，引起不方便。雖然心裡不想讓他走，可是面對他的眼睛時，還是很堅定地說：「去吧，路上小心些。」

30+女人眼中的愛情，是在他的身邊，聽他講小時候的趣事。女人不再關注他是否有很高的地位和很多的財富，她要的愛情很簡單；她喜歡看他做錯事情的時候，傻乎乎的樣子；她也喜歡聽他說小時候去人家雜貨店裡跟老闆硬坳巧克力，回來後被父母狠狠地打了屁股；她還喜歡聽他說小時候因為欺負女生，被老師罰站好幾天。

30⁺女人眼中的愛情，就是她和她的他一起面對生活中的困苦，一起享受生活中的點滴樂趣。女人可以感動於這句話：「我不能承諾將來能為妳賺很多錢，但是我可以保證把我所有的錢都給妳。哪怕我只有一塊錢，我也要給妳。」女人不想要太高的物質條件，也不想他為了賺錢天天不回家。女人只想要男人珍惜她，將她當做手心裡的寶貝，這就足夠了。

其實，30⁺女人眼中的愛情，平平淡淡才是真，不是嗎？

30+女人眼中的婚姻

愛情並不是婚姻的全部內容，婚姻也不是愛情的唯一結局。

——演員王海玲

女人的一生中，最重要的一件事就是婚姻。美滿的婚姻男女雙方都會覺得幸福，而不美滿的婚姻只會使雙方痛苦。30+女人已經懂得用心去經營婚姻，這個年齡層的女人把婚姻當成自己的第二項「事業」。只有這樣，婚姻才能如同陳年的美酒，隨著歲月的流逝而散發出誘人的香氣。

30+女人眼中的婚姻是以愛情為基礎的，她們認為沒有愛就沒有婚姻。她們在經營自己的婚姻時，總是將愛放在第一的位置。她們講究與對方的溝通，並且時時處處為對方著想。女人為對方做得多，對方自然對女人越來越好，婚姻也會更加美滿。

30^{+}女人明白，婚姻不是改造對方，而是在一個固定的模式下，互相適應對方。女人往往會站在對方的角度考慮。她們不再像戀愛時那樣耍小性子，發小脾氣。因為她們明白，男人的個性、脾氣、教育程度不會與自己完全相同，如果按照自己的意願強行改造男人，只會招來對方的反感。婚姻，也必將朝著不好的方向運轉。

30^{+}女人知道，婚姻不能太計較，該糊塗時就裝糊塗。有句話很有道理：和諧的婚姻生活是由充耳不聞的丈夫和視而不見的妻子構成的。男人的無心之過，大可以不必小題大做。幹嘛大吼大叫，搞得兩個人都不愉快呢。她們最清楚如果自己太任性，情緒化嚴重，總是將生活中的小事刻意放大，婚姻必會充滿荊棘，即使雙方能夠走下來，也會跌跌撞撞。何必為難對方，也為難自己。

30^{+}女人清楚婚姻也有保鮮期。時間長了，再美好的婚姻也會變得平淡無奇，這就需要女人懂得在平淡的婚姻中加上一些驚喜的調味劑，讓婚姻重新回到最初的新鮮與美好。這好比湖水太平靜了，會給人一種死水的感覺，可是如果在平靜的湖面上扔下一顆石子，水面上泛起的漣漪會使湖水變得生動。

30+女人堅信溫柔是良好婚姻的法寶。所謂溫柔是女人性情的自然流露，而不是嗲聲嗲氣、使小性子。溫柔的女人清純似水，能夠增進夫妻感情，是婚姻的穩固基石。而那些婚後嘮嘮叨叨、潑辣使性的女人在婚後的生活中看似佔據上風，殊不知她正在親手挖掘埋葬婚姻的墳墓。

30+女人確信婚姻是一件來之不易的東西，「十年修得同船渡，百年修得共枕眠。」百年才能換來今生的相聚，因此，更要好好珍惜現實的美滿婚姻。當然，在婚姻的路上，並不總是平坦，如果出現了不好的情形，女人要和男人同舟共濟，一起向前。只有那些經得起風雨考驗的婚姻，才會更加穩固，女人才能收穫幸福。

30+女人眼中的家庭

家庭是父親的王國，母親的世界，兒童的樂園。

——美國哲學家，愛默生

一個男人加上一個女人便構成了一個家，之後，他們生兒育女，這個家庭便發展壯大了。對男人來說，家庭是最理想的港灣，它既是遮風擋雨的寓所，也是孕育希望和放飛理想的樂園。對30+女人來說，家庭是她人生的全部。

30歲以後，女人眼中的家庭是守候著「愛」的地方。在外面奔忙的時候，心中一直牽掛著兩個人——丈夫和孩子，這是她生命中無法割捨的根，正是因為有他們的愛，以及她可以給他們的愛，女人才感到一種真正的幸福。

30歲以後，女人眼中的家庭是累的時候可以放鬆休息的地方。家裡的大門永遠敞開著，無論是累了還是倦了，只要走進家門，心就踏實了。當外界壓力襲來時，全家人總是團結一致，相互支持。

30歲以後，女人眼中的家庭是自己最主要的事業。女人每天下班回到家裡，總是匆匆烹飪出兩三樣美味可口的菜餚，讓全家人吃得高高興興。然後不辭辛苦地把家收拾得乾淨、清潔、舒適，讓老公和孩子可以過得舒舒服服。30歲以後，女人眼中的家庭是開啟未來的地方。女人把相夫教子當做是自己天生的職責。她會將自己的知識、觀念、思想傳授給孩子，給他們樹立好的榜樣，給他們提供最好的教育；她會默默地支持老公的事業，在老公需要時，為他出謀劃策或者保持緘默。

30歲以後，女人深知家庭的意義。她知道自己是家裡的女主人，是家庭的靈魂，自己對家庭的維持有不可推卸的責任。無論自己在工作中成功與否，家庭永遠是她展示才華、樹立自信、豐富內心的場所。

她會積極地用自己的智慧管理好家人的飲食起居，料理好家人的營養和健康，安排好收支，把婆媳關係處理好，把孩子教育好，在平淡中體會擁有幸福家庭的美好。

30⁺女人眼中的職場

> 把賺錢作為工作的唯一目的的人是不會快樂的，必須停止「工作就是一切」的想法。
>
> ——法國社會學家，多明尼克．梅達

輕鬆立足職場，擁有成功的事業，是30⁺女人一直嚮往的生活。可偏偏事與願違，女人一旦邁進30歲的門檻，就再也找不到從前在職場中叱吒風雲的感覺。在這個年齡層的女人看來，職場就是引發她們內心恐慌的代名詞。

30⁺女人，由於自身年齡問題，對職場懷有恐慌的心理。活躍在職場的30⁺女人，一方面感覺到公司新進人才的競爭和威脅，覺得自己在經歷和幹勁上無法超過他們；另一方面，在公司任職多年的前輩擁有比自己更多的經驗和人脈，因此，她們普遍感到壓力過大，力不從心，擔心自己會突然之間被迫從公司離職。

雖然說「三十而立」，可職場中的30⁺女人並非個個都很順利。眼看自己年齡越來越大，卻在職場上沒有半點起色，這時女人的消極情緒會佔據主導，認為自己沒有未來，沒有希望。都說女人進入30歲以後就進入了職場的衰退期，女人想起自己的事業，自信心就一點點喪失，處於崩潰的狀態。

30⁺女人，正處在要職業還是要孩子的年齡層。每每想到「孩子」，30⁺女人不免愁上心頭，對自己在職場的未來充滿了不安。要孩子吧，自己在職場上剛剛有點起色，從懷孕到哺乳，怎麼也得耽誤兩年多，在這兩年多的時間裡，不知道有多少年輕後輩會殺出來，自己在職場努力多年的結果都會付之東流。何況產假休完，孩子還小，需要媽媽照顧，女人很難有更多的精力投入到職場，很難有更好的發展。

30⁺女人眼裡的職場是一個競爭激烈的競技場。這個競技場的競爭激烈程度使女人誠惶誠恐，如履薄冰，因為稍微一放鬆，就會有人替代自己的職位。一些女人每當看到公司有新人出現時，就忍不住分析自己目前的處境，一種害怕競爭的恐慌心理油然而生。女人在職場上缺乏一種破釜沉舟的勇氣，這成為她們在職場發展的阻礙。

30+女人一般安於現狀，不會想辦法從各方面提昇自己，這使得她們只能成為職場法則——「優勝劣汰」中的失敗者。當然也有個別女人，競爭意識過於強烈，她們不能容忍別人比自己做得好，結果由於在一些小事上花費精力太多，使她們失去原有的優勢，最終難以在職場上有更高的發展。

面對職場，30+女人應該扔掉恐慌心理，拿出自己的勇氣，做自己最想做的事情。即使女人在職場上沒有取得預想的成績，但至少努力了，也就不會後悔，這已足夠了。

30+女人眼中的理財

當下，已是全民理財的時代，是否參與投資理財將對個人或家庭的財務狀況產生決定性影響。理財不只是富人的遊戲，窮人更需理財。

——經濟學家，郎咸平

30+女人深知「你不理財，財不理你」的道理。20歲的女人雖然基本沒有什麼負擔，可是看到什麼好東西都想買，花錢沒有節制，是典型的「月光族」。女人邁向30歲之後，雖然收入可能比以前多，但是各方面的負擔也比以前多，比如吃穿用度、孝敬父母等。因此，理財成為30+女人面臨的首要問題。

30+女人不再把理財看做是有錢人才能做的事情。窮人和富人都可以理財，哪怕收入很低，也要讓自己養成理財的良好習慣。否則，只能註定一生受窮。拳王泰森財產將近四億美元，可他花錢沒有計劃，喜歡什麼買什麼。光是別墅的房間就有一百多個，跑車幾十輛。結果怎麼樣呢？泰森最後不但身無分文，反倒欠國家一大筆錢。

30+女人不會讓忙碌成為自己不理財的藉口。她們養成了每天記帳的好習慣，不怕麻煩，也不會說自己工作太忙。透過記帳，女人找出了自己在消費過程中存在的不好習慣：哪些是沒有必要的消費品，自己是否花了冤枉錢。為以後生活中各項消費比例提供依據，指導自己更加理性消費。理財不是一天兩天的事情，不能依靠三分鐘的熱度。30+女人有長期的心理準備，堅持不懈，持之以恆，要將理財之路義無反顧地走下去。

30+女人懂得積少成多的道理，堅持走好儲蓄之路。她們不會因為錢少而不願意儲蓄，因為小錢累積多了，也會變成大錢。她們每個月都拿出固定的一部分錢，強制自己存入銀行，這樣時間長了，存摺上的數字會越來越大，自己也會享受到小有資產的樂趣。

30+女人不認為儲蓄就是理財的全部。她們知道理財的種類有好多種，比如購買股票、國債，投資房地產都屬於理財。儲蓄絕不是理財的唯一手段。從30歲開始，她們積極地學習理財知識和投資知識。在掌握了一定的理財知識之後，她們的腦中就會有清晰的理財規劃，然後更好地進行投資。

30+女人不會總拿「我不懂理財知識」當做自己不理財的藉口。不會，可以學習嘛。人們從小到大，每樣知識難道不都是一項一項學習得來的嗎？有誰天生就懂這些知識呢？30+女人購買了一些理財方面的書籍，在家自學理財知識，一有機會就和會理財的人打交道。俗話說：「近朱者赤，近墨者黑。」只要和懂得理財知識的人溝通多了，相信不會過多久，自己也會成為一名理財高手。

有些已為人母的30+女人，理財時免不了為孩子考慮的多一些，會為孩子投入幾項教育基金。孩子是家庭的未來，因此孩子的學習和生活就是自己理財的重點。

30+女人，一旦下決心理財，就會按照自己的計畫嚴格執行，絕不拖拖拉拉，邁出了理財第一步，永遠都不會發愁沒有錢花。

30+女人眼中的健康

健康是一種自由——在一切自由中首屈一指。

——瑞士，亞美路

在30+女人眼中，自身健康最重要。它在女人心中的比重勝過甜美的愛情、溫馨的家庭以及成功的事業。女人如果沒有健康，憑藉一副病懨懨的身軀，也許會博得男人的憐惜，但女人卻失去了自我，只能依附男人生活，而擁有健康的身體，女人才能為自己生活，未來才有無限的可能。

在30+女人眼中，健康遠比苗條的身材重要。雖然女人都希望自己擁有魔鬼身材，可是追求苗條的過程中，一旦和健康發生了衝突，她們會毫不猶豫地選擇後者。30⁺女人已經明白，是否苗條並不是評價女人的唯一標準，擁有一顆善解人意的心更重要。女人言談得體、落落大方，即使身材很普通，也會得到男人的青睞。為了自身的健康，需要消耗掉過多的脂肪，這樣的事情值得做。如果是為了他人的眼光而捨棄自己的健康，這樣的事情何苦要做呢？

在30⁺女人眼中，運動是保持健康的王牌。由於現代社會生活節奏的加快，年過三十的女人不僅要忙工作，有些還要忙家事。雙重壓力使女人身心疲憊，漸漸遠離健康。於是很多女人寄希望於心理諮詢師和醫生。可是，借助於外人的幫助找回健康的做法未免欠妥，運動對身體健康的保持會有更好的效果。30⁺女人深知，多做運動，可以增強自身抵抗力，降低疾病發生幾率；多做運動，可以讓大腦保持更活躍的狀態，使頭腦更敏捷；多做運動，還可以緩解女人的消極情緒，使心理保持健康。

在30⁺女人眼中，合理的飲食習慣是保持健康的法寶。女人普遍有挑食的毛病，對於自己喜歡的食物，大吃特吃，而對於不喜歡的食物卻一口不沾。這是一個非常不好的習慣，對女人的身心健康十分不利。女人年過三十，開始懂得均衡飲食對自己健康的重要性。她們明白各種飲食都對身體有好處，只有通過合理的飲食，食物多樣化，營養才能全面，各種營養素之間才能保持適當的比例，自己才能保持身體健康。比如，女人不能吃太多油脂含量高的食物，多食用乳製品和豆製品，保證每天攝入足夠的維生素和礦物質。

在30⁺女人眼中，多吃水果是保持健康的秘訣。大部分的女人都喜歡吃水果，因為她們懂得水果中含有多種營養成分，常吃有祛斑、美容等功效。蘋果是女人的首選，它有「水果之王」的美稱，含有豐富的維生素，能抑制癌細胞的生長。女人如果常吃，能夠延緩衰老，增加皮膚彈性；荔枝也是一種不錯的水果，能緩解女人疲勞、頭暈的症狀，能夠使女性皮膚更加有光澤；草莓營養豐富，也能幫助消化，還能防止色斑的生成，使細胞更具有活力。

總之，30⁺女人已經將健康問題標上了重點記號，她們正在努力改變，爭取做一個健康、充滿活力的幸福女人。

30+女人眼中的生活

生活的理想，就是為了理想的生活。

——中國政治人，張聞天

在30+女人眼中，平淡不是生活的全部，生活需要浪漫。

走進婚姻的殿堂後，因為夫妻二人對對方的新鮮感都在一點點消失，戀愛時的強烈愛情可能會一點點減弱。聰明的30+女人絕不會甘心自己的生活從此平淡無奇。她們開始嘗試在自己的生活中增加一些浪漫的情調，使生活重新變得五顏六色。她們會充分運用自己智慧的大腦，利用好生活中的一件件小事情，巧妙地增進雙方感情。比如，和丈夫一起看同一本書，或者兩個人在初次見面的地方約會，重新找到當年戀愛時的甜蜜感覺。因為有這些偶爾製造的小浪漫，生活會變得絢麗多彩起來。

在30+女人眼中，生活是需要兩個人一起努力的，兩人只有朝著一個方向共同努力，生活才會越來越美好。因為生活不總是一帆風順的，總會有這樣或者那樣的坎坷，但生活中無論有風還是有雨，女人都希望兩個人一起扛，願意和自己另一半接受生活的考驗。她們認為兩人能在一起生活，就是一種前世修來的緣分。所以，在遇到不順利的事情後，女人不會怨天尤人，哀嘆生活的不公，更不會轉身離開，她們會默默地努力，陪同自己的另一半渡過難關，重新找到生活的幸福。

在30+女人眼中，生活就是快樂地享受每一天。如果每天沉浸在苦悶中，生活也就沒有意義了。所以，女人每天都能找到生活的樂趣，把自己沉浸在生活的快樂當中。女人明白，如果自己覺得生活是幸福的，那自己的生活就會真的很幸福，即使再苦再累，心情也會十分舒暢；而如果自己覺得生活很苦悶，那自己的生活也只能剩下苦悶了。快樂是可以傳染的，自己容光煥發，也能讓與自己接觸的人忘掉憂愁和疲憊，這樣才是真正的快樂。

在30+女人眼中，生活不能充滿懊悔和沮喪。生活雖然也會遭遇不順利，可是不能讓懊悔的心情時時伴在自己的左右。30+女人懂得調節自己懊惱的壞情緒，用快樂的方法來趕走生活中的不愉快。只有笨女人會因為自己沒有將事情做好，而懊悔萬分、自責不已。她們會在心裡設想無數次「假如我不這樣就好了；假如我這樣做，事情就可能不會失敗了」。聰明的女人明白，心事重重的人，不可能體會得到生活的幸福。無限的懊悔在生活中沒有任何意義。壞的結果既然已經出現了，那就讓它壞去吧，即使再怎麼捶胸頓足，也不會改變已經出現的事實。與其沉浸在壞情緒中不能自拔，不如集中精力去做另外一件自己可以做好的事情。這樣才能夠享受自己成功的喜悅，也會珍惜生活中每一次幸福的感覺。

生活就是這樣，酸、甜、苦、辣俱全，只有懂得生活並用心生活的女人才是一個幸福的女人。

30^+女人眼中的情懷

鳥，飛起來與風無關；果，落下去與沉重無關。

——作家，席慕容

如果說少女的情懷總是詩，那麼30歲以後，女人眼中的情懷就是散文。30^+女人不再年輕，她們走過了花香四溢的春天，走過了枝繁葉茂的夏天，此時的情懷猶如那熟透了的草莓，外表鮮紅，內心豐富。30^+女人，沒有了少女的青澀如橘，更多的是豐盛甜蜜與寬容豁達。經過了歲月的磨礪，30歲以後，女人眼中的情懷，溫柔似水，漂浮如雲，那是一種無法言語的美。

30歲以後，在女人的眼中，情懷便是滿腹經綸、才思敏捷，有思想、有見地、有夢想、有追求……情懷便是寬容大氣、誠懇善良，有陽光般的心性，有音樂般的開朗，有高雅的品味和脫俗的氣質。30歲以後，女人認為縱然不能生得美麗，可是一定要活得精彩。

30歲以後，女人眼中的情懷就是那一顆慈悲善良、細膩溫婉的心，在愛的光亮中微笑行走。她們懂得「贈人玫瑰，手有餘香」的真諦，會在別人困難的時候給予安慰。她們樂於傳遞快樂和溫馨，與人分享生命的陽光與歡樂，就猶如冰心老人筆下的小橘燈一樣，總是帶給人希望與幸福。

30歲以後，在女人的眼中，情懷就是那偉大的愛情宣言。她們不再苛求他英俊、瀟灑、富有，但是她們追求更深層的東西，比如修養、心靈、誠實、專一等。「山無陵，天地合，乃敢與君絕」，如果能夠得到這樣一份愛情，那麼，她們就會心甘情願在六道輪迴中無怨無悔地再生。30+女人用自己的癡情打動了多少文人騷客。她們用自己那博大的情懷彈出了鸞鳳九天的偕鳴。

30歲以後，女人眼中的情懷便是上帝賜予的精靈——自己的孩子。這是女人天性中最柔軟的部分，在流光容易把人拋的歎息中，轉眼又紅了櫻桃、綠了芭蕉，當霜色開始揉入青絲，女人眼中沒有任何遺憾。雖然面對歲月的滄桑也不免哀歎，可看著眼前可愛的孩子，她願意接受一切磨難甚至放棄生命中的所有。天若無情，任憑風吹花落去；天若有情，請保佑孩子一生平安，這就是30⁺母親的情懷。

30歲以後，女人情懷溫婉含蓄、從容淡定。淡雅地穿行於花開花落的輪迴四季，有清風明月相伴，有靜謐時光流連。擁有一份採菊東籬下的悠然，歲月叮咚若泉，人生精緻如詩。即使在競爭激烈的社會中角逐，奔波得很匆忙，也能夠適時地緩一下腳步，調整一下呼吸，欣賞一下沿途美麗的風景。

30歲以後，女人能讓躁動的心安靜下來，無論是回憶、思念，還是思考、反省，日子都可以過得從從容容。一杯茶，一首歌，一本書，對月獨酌；或與三五好友相聚，談天論地，過著自己那獨特的生活。

30歲以後，女人的情懷就是一首歌，亦喜亦悲，在歲月的更迭中奏響生命的旋律。

30+ 女人眼中的夢想

夢想絕不是夢，兩者之間的差別通常都有一段非常值得人們深思的距離。

——武俠小說作家，古龍

女人隨著自身年齡的增長，在心理上不斷成熟。30+ 女人的夢想由童話般的美好慢慢回歸現實。30+ 女人的夢想很簡單，也很實際：她們夢想在平平淡淡的生活中尋找到生活的幸福。

30+ 女人的夢想是有一份平凡的愛情。30+ 女人不再幻想自己是那高貴美麗的白雪公主，也不會奢望與夢想中的白馬王子美麗邂逅。女人開始懂得自己其實很平凡，所追求的愛情也應該平平淡淡。平凡的愛情雖不轟轟烈烈，可平淡中卻體現出雙方的真情。女人在起床的時候給愛人一個深情的吻，愛人在早上臨出門時給女人一個甜蜜的擁抱，生活中的點點滴滴小事，勾勒出兩人深厚的感情。女人不會希望自己的愛情有多麼浪漫，愛人的一個體貼勝過許多的甜言蜜語。她只希望兩個人能從平淡的生活中不斷感受愛情的美好。

30+女人的夢想是有一個幸福的家庭。幸福的家庭並不一定要靠豪華的房子來體現，房子再大，如果沒有親人的感情也會是一座冰窖。即使家裡的房子很小，女人也會把家收拾得乾乾淨淨，為家人創造出一個溫馨的環境。女人並不認為打理家庭是一件令人感到頭疼的事情，相反，她能從中找到無限的樂趣。除了乾淨的生活環境，女人自覺應該承擔起營造幸福家庭的全部責任。女人懂得關愛丈夫，教育自己的孩子，孝敬家中長輩，使家庭成員相處和諧溫馨。只有家庭成員之間和睦相處，生活才會美滿幸福。

30+女人的夢想是有一份穩定的工作。女人雖然要照顧家庭，可是女人從不會因為家事的繁多而要放棄自己的工作。女人並不夢想自己工作待遇有多好，也不要求自己在工作上取得非凡的成就，她們只是想有一份屬於自己的工作。有自己的工作，女人才能經濟獨立，才不會依附於男人，才能實現自己人格上的獨立。女人喜歡購物，有了穩定的經濟來源，女人才會自由購買。賢慧的女人懂得，自己的工作也能緩解丈夫的壓力，她想為營造一個幸福的家庭貢獻自己的一份力量。蠢笨的女人才會心甘情願做家庭主婦，一天到晚圍著丈夫轉。這種生活是女人的悲哀，是沒有任何保障的，因為哪天和丈夫發生了矛盾，也就斷絕了自己的經濟來源。

無論怎樣，30+女人總是夢想與愛人相親相愛，夢想家庭能和睦幸福，夢想工作順順利利。30+女人，夢想裡多了一份對生活的期望，對未來的憧憬。

第 三 章

經營美麗，成為一道獨特的風景

美麗是女人一輩子的事

美麗是應該用一生去經營的。

——知名女演員，劉嘉玲

女人到了30歲以後，心底往往會有一種莫名的慌張，感覺青春不在、魅力衰減，每個女人到了這個時候，都會對美麗有一份不變的執著。在這個世界上，幾乎沒有一個女人會拒絕美麗，上到八十老婦，下到三歲稚童，無不在關注和裝扮自己的美麗。在成千上萬的詞彙中，「美麗」是離女人最近的一個詞彙。

人們常常把女人比作花。花千姿百態，而每個女人則是各有各的耐人尋味處，每個女人都是一道獨特的風景。對於女人來說，容貌固然很重要，但是，五官長相、身材高矮都是受之於父母的，無從拒絕也難以改變。所以，30歲以後，女人不應該把自己的容貌當做美麗的重心，而女人真正的美麗也絕不僅僅是一張漂亮的臉蛋、一副綽約的身姿，它更是淵博的知識、靈動的才情、溫婉端莊的氣質、健康蓬勃的朝氣。

走在大街上，我們常常會看到這樣的女人，她們雖不是國色天香，甚至年過半百，可是那一顰一笑都顯得那麼端莊與沉穩，通體散發著高雅的氣質，形成一種無形的魅力，俘虜了你的眼睛，讓你不由得投以關注、欽羨的目光。這就是內外兼修的氣質美女，與年齡無關，與漂亮無關。她們的美麗蘊含著深層的風韻。

美麗是集心態、才情、神韻於一體的女人的風采，是一股內外皆秀的氣韻。妳的容貌會隨著歲月流逝而逐漸褪色，而妳內在的美麗卻可以在妳精心經營下經久不衰，就如那陳釀美酒，越久越醇。女人該如何經營自己的美麗，讓自己成為那一道獨特的風景呢？

美麗是需要經營的。30歲以後，不管妳是多麼天生麗質，都禁不起歲月的磨礪。妳要從每一個細微處加倍豐富和呵護自己，把經營美麗當做自己一生的事業。

首先，妳要熱愛生活，充滿自信。我們無法想像一個對生活充滿了厭惡的女人會變得美麗，也無法想像一個事事處處唯唯諾諾、沒有自信的女人會美麗。自立自強是女人立足的根本，只有經濟能夠獨立，才能有自己獨立的人格和尊嚴。只有自信，才能從容應對生活中的各種壓力和困境，也才能有「任風雨來襲，我自巋然不動」的沉穩與內在氣韻。

30歲以後，女人要經營自己的美麗，還要不斷地充實自己。多讀書是必不可少的。

讀書是一個女人提升氣質的源泉。在書的海洋中，一方面可以增長知識；另一方面還可以陶冶情操，提高品味，使妳的舉止變得優雅，氣質變得深沉，從而擁有一份永不過時的美麗。

30歲以後，女人要善於打扮自己，善待自己的肌膚和容顏。得體大方的衣著，端莊典雅的舉止，加上透射氣色的淡妝，把妳獨特的個性、成熟的魅力、高雅的氣質、脫俗的品味展現得淋漓盡致，無不給人以美的享受！

30歲以後，女人就應該在自己的這一片天空，精心經營自己的美麗，讓自己成為這五彩人生的一道獨特而美麗的風景！

知道自己的風格

桃以妖嬈，菊以清雅，梅以冷豔，因之不同而群芳爭豔，女人亦然。

曲有風，而不入俗流；文有格，而獨領風騷；人，亦因有了風格，才卓然不群、超脫獨立。

女人，30歲之前可以率性而為，可以不瞭解自己，僅憑青春便飽受青睞。30歲之後，卻必須要知道自己的風格，知道自己美在哪裡，勝在何處，唯有如此，才能揚長避短，才能憑藉風格活出自我，進而突破自我。

常說女人如花，是必然要吸引別人眼光的。花的美各具形態，各具芬芳。牡丹的雍容富貴，風信子的純淨恬淡，石榴的嬌豔熱烈，就連一朵蒲公英也因樸實無華而讓人驚歎。它們因為每一朵的風格不同，而各自風流著。作為女人，尤其是30⁺女人，一定要堅信，妳也能憑藉風格，璨亮別人的眼眸。

妳可以不美麗，天生麗質畢竟少數，但妳可以優雅；妳或許不優雅，但妳能夠溫柔；妳或許也並不溫柔，但妳的率性讓人易親近；妳或許也不具備親和力，但妳的冷靜果斷，亦令人佩服；妳或許不夠冷靜，但妳的迷糊純真，同樣被人喜愛和珍惜。而當妳已歷經滄桑，純真不再，獨屬於妳的成熟淡定，更會釋放出獨特的魅力。

妳是女人，要學會相信自己，必然有著獨特的風格，而妳要做的就是去發現，去瞭解。妳或許會說「我很平凡啊，平凡得毫無出眾之處。」，但誰說平凡就不是風格呢？一個人認同自己的平凡，並坦然接受，活得踏實自然，其實本身就已自成一格。

說到底，多數女人需要的不是知道，不是明瞭，因為活了三十多年，自己與別人的不同，心知肚明，只是能否認同罷了。因為太在意別人的看法，多數女人會因為自己特殊而煩惱，以為與眾不同是錯誤，即使沒辦法改變，也會加以隱藏。但事實卻恰恰相反，這特殊之處，便是風格，只要不傷人害己，不妨保持下來，勇敢展示，或許正因為這風格，妳會在芸芸眾生中，找到屬於妳的活法，屬於妳的知己，屬於妳的幸福。

風格就像陳釀，歷久彌香。只要妳認同了自己的風格，就要勇敢地綻放。試想，歲月的潮水已將別人的稜角磨滅而漸成卵石，而妳不同於別人的花紋和稜角，怎能不讓人驚歎？別隱藏，因為妳的隱藏只能讓別人忽略了妳的存在。接受別人的眼光，妳會發現，那眼光不僅有訝異，更多的是欣賞和欽佩。

別與別人比，也別試圖跟別人學。有些女人，看到別人的美麗和優雅，會忍不住羨慕甚至妒忌，並不知不覺模仿，結果反而是東施效顰，適得其反。別人的特色可以欣賞，但絕不要因此而自卑，因為妳所具備的是別人無論如何也學不來的。只要妳保有了自己的風格，妳一定能活得充實、自然、灑脫。

個性才是女人最好的通行證

有個性的女人才是最美麗的女人，長得漂亮不如活得漂亮。

——30+女人的人生準則

30+女人可能都知道這樣一句話：「女人不是因為美麗而可愛，而是因為可愛而美麗。」從這句話裡，30+女人可以體會出一個道理，那就是女人的性格魅力，也就是女人獨有的品味和氣質，遠比漂亮的臉蛋重要得多。的確，這個世界並不缺少美，生活在這個世界上的每一個人都有自己獨特的魅力之處。因此，30+女人要想讓別人認同自己的美麗，也必須要有自己與眾不同的地方。

對於30+女人來說，不能因為自己沒有出眾的外貌就自怨自艾，認為自己一無是處，無可救藥。個性才是女人最好的通行證。因為女人的容貌是天生的，即使不漂亮，也沒有辦法去改變。每一個女人都是這個世界上的唯一，一定要活出自己的個性，活出自己的美麗。30+女人永遠要記得：即使做陪襯別人的一片綠葉，也要做那片與眾不同的綠葉。

30+女人不要讓男人左右自己的個性，否則妳再漂亮也無非是一個沒有自我的「花瓶」而已。所以，30+女人不要為了自己心中的男人而失去自己的個性。失去個性就是失去自我，沒有自我的人不會值得別人欣賞的。個性的女人要將事業放在第一位，不要胡亂放棄自己的事業。就算有一天個性女人嫁作人婦，也不要甘心做有錢男人的附屬品。

在男人眼裡，有個性的女人才是最有魅力的女人。所以，要想收穫一段美好的愛情必須要有自己獨特的個性。如出水芙蓉一般的黛安娜王妃為什麼會敗在一個貌不驚人的女人卡蜜兒手中？黛安娜王妃的確很漂亮，她的可悲之處在於沒有意識到：沒有個性的女人，即使再漂亮，對男人來說也是一具空殼。再回頭看一看這位使查理斯王子拋棄妻兒的個性女人。這位勝利者卡蜜兒是一個自信、充滿活力的人，她身上有一種隨時都要迸發出來的力量。她從來不在乎別人的評價，總是按照自己喜歡的方式做自己喜歡的事情，過自己想要的生活。雖然她沒有出眾的美貌，也不懂得化妝，甚至衣服顏色搭配也經常亂七八糟，可是她的氣質、她的自信卻比容貌更具有吸引力。就因為她的獨特魅力，她成為了查理斯王子心裡的寶貝，永遠在他心裡佔據著第一的位置。這就是女人個性的魅力。

雖然有個性的女人才有魅力，可是30⁺女人也不要標新立異，盲目追求，甚至走入個性的地雷區。否則，不但不會增加魅力指數，相反還會令人生厭，失去個性本身所具有的美好。

既然長得漂亮不如活得漂亮，那就活出自己的個性，活出自己的品味吧。從現在開始，30⁺女人努力做一個有個性的女人，做一個男人和女人都妒忌的魅力女人吧。

年齡不是女人的敵人

年齡增長不可怕，反而會讓自己更成熟，更瞭解自己和生活。

——美國女演員，安妮特．貝寧

對女人來說，年齡是一個十分敏感的字眼。尤其是30⁺女人，每當她們遇到年齡這個問題時，就會變得沉默，甚至閃過一絲恐慌。在30⁺女人的心裡，年齡是一道不可逾越的障礙，會阻礙她們前進。她們害怕年齡的增長，其實她們內心害怕的是年齡背後的衰老。但其實30⁺女人大可不必這樣，因為年齡增長本來就是一種自然規律，人應該以坦然的態度對待自然規律。女人不能拒絕年齡增長，就像我們無法拒絕長大一樣。

每一個年齡階段都有優勢，也都有弱勢。30^{+}女人應該以一種平常心來對待自己人生的各個階段。30^{+}女人，從20歲一路走來，經歷了從青澀到成熟。30^{+}女人不要和20^{+}女生比年輕，30^{+}自然有30^{+}的風情。30^{+}的容貌雖然可能會20^{+}的容貌稍微多了些風霜，可是30^{+}女人淡定、優雅、聰明，舉手投足之間透露出一股淡淡的優雅與從容。這一點是20^{+}女生可望不可即的。

30^{+}女人有味道，很像一幅生動的水墨畫，又像迎面吹來的暖風。30^{+}女人無論身材容貌，還是言語服飾都會恰到好處，多一分則過火，少一分則欠缺。30^{+}女人能懂男人的心，她們不像小女生一樣只會等待別人來關心，她們更會關心周圍的人。30^{+}女人會憑藉自己的閱歷與智慧征服周圍的人，而不是只會撒嬌爭寵。

有不少女人雖然年齡已到不惑，卻風韻猶存。

宮雪花，一個充滿自信與智慧的女人，一個敢於挑戰自己年齡的女人，她36歲參加法國華裔小姐選美，一舉奪得冠軍。後來，更是以年過半百的高齡，憑藉自己超人的智慧與自信心，殺入「亞洲小姐」的決賽。宮雪花對自己的美麗充滿自信，她否認歲月在自己身上留下的痕跡，否認年齡對女人的限制。她為我們創造出了一個神話，那就是：美麗不限年齡。

30+女人應該是懂得生活的人，而懂得生活的人不會害怕這些虛幻的數字。對於已經30歲的女人來說，這些數字只不過是一些符號而已，也僅此而已。留在女人心間的應該是美好的回憶與豐富的人生經歷。如果30+女人忽視這些數字，數字就會提醒女人身上的責任與義務，進而轉化為自己積極向上的動力。值得一提的是，兩次獲得奧斯卡影后提名的安妮特．貝寧，最早涉足電影也是在30歲的時候。如今，她已經50多歲，卻依然在好萊塢奮鬥，她說自己對年齡的增長並不感到可怕，相反，自己反而會更成熟，更瞭解自己。

年齡不是女人的敵人，聰明的女人會找到自身的優勢，把自己塑造為風情萬種、高貴優雅的魅力女人。

有愛心的女人最美麗

女人的美麗不存在於她的服飾、她的珠寶、她的髮型之中；女人的美麗必須從她的眼睛中找到，因為這才是她的心靈之窗與愛心之房。

——一九九九年美國電影學會選為百年來最偉大的女演員第三名，奧黛麗．赫本

充滿愛心的30+女人，必定是一個魅力無窮的女人。有愛心的女人是美麗的，有愛心的女人是精緻的。愛心和美麗是緊密相連的，沒有愛心的女人即使外表光鮮亮麗，在人們心目中也是醜陋不堪的。充滿愛心、心地善良是成為美麗女人的首要條件。

有飽滿的熱情和真誠的愛心的女人，外表並不一定十分出眾，卻一定有自己

獨特的魅力。她們對長輩、親人、孩子、朋友、同事，以及周圍一切可以面對的人都有一顆善良的愛心，總是默默關愛、幫助他人。她會對不幸的人給予深深的同情和幫助，甚至會為風雨中飄搖的小貓兒潸然淚下。

在人們的心中，黛安娜王妃是美麗的，但她的美不僅洋溢於外表，更因為她內心的善良。戰爭過後的廢墟中，黛安娜王妃抱著被炸斷雙腿的小女孩，眼含熱淚；在貧窮的非洲大地，她親吻患有愛滋病的兒童，沒有一絲畏懼和恐慌……黛安娜征服全世界民眾的秘密就是她那充滿愛心的眼神。

俗話說：至善方能至美。30+女人一定要擁有愛心，只要心中湧動著愛的暖流，就能像甘泉一樣滋潤著他人的內心。30+女人要用女性的溫柔來關愛身邊的每一個人，把充滿愛心的笑容給親人和朋友。

充滿愛心的30+女人，必定是一個可愛的女人。也許這樣的女人並不漂亮，但她會因為可愛而美麗。只要有愛心的30+女人，都是最美麗的天使，就像和煦的春風，吹在人們的心頭，暖暖的。

奧黛麗·赫本，著名影星，奧斯卡影后，世人敬仰她為「人間天使」。她集美麗和愛心於一身，成為眾多女人爭相效仿的榜樣。她晚年投身於慈善事業，是聯合國兒童基金會親善大使的代表，曾被授予「總統自由勳章」。她經常舉辦一些音樂會和募捐慰問活動，造訪一些貧窮地區的兒童，足跡遍及亞非拉許多國家。她曾經以重病之軀赴索馬利亞看望因饑餓而面臨死亡的兒童。赫本曾說：「世界正變得越來越小，人們之間的接觸也越來越頻繁。富有的人有義務、有責任去幫助那些一無所有的人。」這麼多年以來，凡是評選最完美的女明星，赫本總是高居榜首，這不僅因為她有著一副甜美清純的容顏以及優雅高貴的氣質，更是因為她有著一顆仁愛之心。

30+女人千萬不要因為這樣或那樣的原因而變得冷漠，如果女人將自己的愛心之窗緊緊關閉，那麼她的心將是一片荒蕪的沙漠，沒有生機，沒有綠色。30+女人要從愛身邊的親人朋友開始做起，關愛身邊的一切。只有充滿愛心，才會收穫美麗；只有奉獻關懷，才會獲得溫情。

好好打扮自己

女人的衣櫥裡永遠少一件衣服。

——某廣告語

女人如花，花有千姿百態，而女人則有萬種風情，淡雅清香者溫婉可人，鬱鬱芬芳者熱情奔放，胖的豐滿綽約，瘦的亭亭玉立，無論是哪一種，都是上帝賜予女人的風采。30歲以後，女人去掉了幾許青澀幼稚，多了幾分成熟優雅，若加以精心打扮，會別有一份超凡脫俗的魅力。

李白詩中有云：「雲想衣裳花想容，春風拂檻露華濃。」就連天上的雲朵都要彩衣來裝扮，更何況是女人呢？女人怎能忍心辜負自己的美麗？在得體的裝扮中，女人的氣質、容顏、身段將合為一體，從而打造出一種優雅和諧的美感。如今，各種時裝令人眼花繚亂，到底哪一款更適合自己呢？俗話說到哪個山頭唱哪首歌，到哪個地方穿哪個裝，多買幾套衣服，根據不同的場合，做不同的打扮，才能顯示出妳的品味，既得體又時尚，整體透出的都是和諧。

30歲以後，一個女人是否漂亮，穿衣是否好看、整體的比例是否勻稱是關鍵性的問題。無論妳身材如何，一定要保持整體線條的流暢，所以選擇內衣時一定要選符合妳的個性和身材的，這不僅可以穿著舒服，還可以盡展女人的魅力。再加上內衣上的小配飾，如浪漫的蕾絲、刺繡的花卉、透明的薄紗，也可以為妳增添無限風采。

30歲以後，除了服裝之外，還可以選擇一些配件，如帽子、絲巾等。在現代社會中，帽子已經不單單是保暖的必需品了，更是一種時尚。一頂合適的帽子，加上得體的戴法，能夠襯托出一個人的身份、地位和修養，也能掩蓋不盡如人意的臉型或頭型的缺陷。不同的戴法也會產生不同的視覺效果，正戴顯得莊重、正派，斜戴則顯得活潑、嫵媚；正戴可使臉型更加豐滿、端莊，斜戴則顯得清瘦、俏皮。絲巾是一種備受女人們喜愛的配件，尤其是近幾年來，款式不斷推陳出新，佩戴方式也不斷得到突破。根據絲巾的設計，或者圍在頸間，或者掛在胸前，或者圍成頭飾……善用絲巾，不失為一種一舉多得的好辦法。尤其是在出差時，不妨多帶幾條絲巾，搭配不同的套裝，設計不同的搭配方案，既美麗大方又方便簡潔。

30歲以後，妳還應該找專業美容美髮師根據妳的身材、臉型特點為妳設計幾種髮型，不要一成不變，但一定要給人舒服清新、健康美麗的感覺，這樣妳整個人也會充滿活力。

金銀珠寶首飾一直都是女人的鍾愛，30歲以後，女人若是再佩戴上符合身份、雅而不俗的項鍊、耳環、手鍊等，便會錦上添花，倍增風采。得體的衣著，大方的髮型，再加上恰當的首飾，更可以彰顯出女人的個性，從細節上體現出女人最迷人的魅力。

30歲以後，化適當的淡妝，會讓妳更加魅力四射。愛自己就是愛生活，讓自己變得更加亮麗就是對自己最大的愛護，好好打扮自己吧，讓妳的生活更精彩！

保持好身材

對男人而言，女人的相貌和身材，在最初似乎遠比她的智慧和才能更有吸引力。

女人幾乎沒有不想保持良好身材的，且不說肥胖是各種疾病的隱患，單就從視覺角度來講，站姿優美、亭亭玉立的女人總能給人帶來無限的遐想。30+女人更希望自己能夠擁有前凸後翹的完美身段。可是，妳是否會有這樣的感覺呢？30歲以後，保持身材越來越難了，似乎喝口冰水小腹都會長肉，尤其是下盤和腿部。如何才能有效地瘦身呢？怎樣才能既擁有完美的曲線又能保持健康呢？

30歲以後，妳千萬不要盲目地濫用藥物來減肥，那些商家的目的就是賺錢，多少人在服用減肥藥後，身材是苗條了，但身體卻垮了，這就得不償失了。要想擁有一個好身材，一定要採用科學有效的方法。

30歲以後，女人們在日常生活中，一定要注意健康飲食，少吃或不吃並不能有效減肥，相反，有規律、有計劃的飲食反而利於瘦身。一天當中，早餐是最重要的一餐，一定要吃好，如果不吃早餐不僅會一天沒精神，還會導致肥胖。午餐一定要豐富，注意營養均衡，保證身體攝入足夠的營養才能有效、健康地瘦身。晚餐就要清淡一些，儘量少量，尤其是睡前一定不能吃太多東西，或者就喝杯牛奶即可，這樣還有助於睡眠。一日三餐，營養、健康、規律，這樣才能獲得一個好身材。

吃飯時，一定要細嚼慢嚥，有人以為吃得快對食物的吸收就會差一些，吸收差自然就會瘦，其實不然，吃飯過快會影響食物的消化，而消化不了的食物就會轉化為脂肪積累在體內，比如臀部、大腿、腹部等地方。相反，細嚼慢嚥反而有利於人體對食物的利用，熱量消耗快，自然就不會合成脂肪了。平時多吃一些纖維性食物，這些纖維可以通過分解體內的脂肪來釋放熱量，供人體使用；另外，這些膳食纖維還能促進腸胃蠕動，排除體內毒素，從而使我們更加健康。

30歲以後，女人要遠離垃圾食品，避免吃那些油炸速食，如果實在想吃零食，不妨自己做一些，比如蘿蔔片、青瓜、番茄等。平時喝水稍加一點醋，食用醋中含有揮發性物質、氨基酸和有機酸等，可以消耗體內脂肪，還可以促進消化。

保持身材最難的就是小腹了，不知什麼時候開始它就悄悄地凸起了。其實減腹也是瘦身的關鍵。如果腹部積累了太多的脂肪，那麼人體內就很難合成一種用來分解脂肪的酶，從而影響了整個減肥計畫。要想減肥，就必須堅持做腹部運動，比如仰臥起坐、抬腿運動等。在運動中，腹部肌肉需要大量的熱量，這就需要分解脂肪來供給，從而也就達到了減掉小腹贅肉的目的。

另外，30歲以後，女人們還要堅持鍛煉，養成良好的生活習慣，保持良好的心態。多做一些有氧運動，如步行、跳繩等；堅持早睡早起，不熬夜，保證良好的睡眠；多洗熱水澡，促進新陳代謝；還要保持心情的愉悅。

保持身材來自於我們每一天的努力，只要妳持之以恆，美麗就離妳不遠了！

不要盲目追求過於苗條的身材

20歲的女人看長相，30歲的女人看身材。

現代社會以瘦為美，瘦身成為一種時尚，許多女人認為苗條的身材可以給自己帶來自信，使自己更加具有女性的魅力。這個是沒錯的。30歲以後，女人要保持身材，但是不要盲目追求過於苗條的身材。

有人曾經說過：「如果你對現在的身材不滿意，就永遠會對自己的身材不滿意。」尤其是隨著年齡的增加，妳會發現，自己忍饑挨餓不擇手段減肥，身材卻永遠不會變成妳幻想中的那個樣子，反而會越來越難以控制。其實，又何必跟自己過不去，換個角度看，過於苗條也並不等同於美好。

美容大王大S曾在她的書中說：「高中時為了減肥，我的身體搞得非常差、尤其是腸胃。長大之後我才發現高中生減肥，真的很傷身體又不值得，因為高中還在發育，如果這個階段用錯誤的方法減肥，譬如吃瀉藥或是讓自己營養不均衡的斷食減肥法，都會使胸部無法發育、皮膚沒有彈性、沒有水分，重點的是還可能會長不太高，骨頭也會出問題。像這些問題都是在我長大後才慢慢地發現，原來自己高中時候為了愛美，傷了自己寶貴的身體。」

追求苗條的身材，小至國高中生，大至某些中年女人都還在嚴格想要遵守此教條。30^{+}女人，在人生的盛宴上，優雅恬淡，渾身上下充滿自信，有誰還會在意妳身材的胖瘦？所以，追求過度苗條的女性，實際上是不自信的表現。30^{+}女人，應該學會從容面對自己的皺紋和日漸發胖的身材。作為30^{+}女人，我們不但要強化外在身體，更應該看重的是內在涵養。30^{+}女人，揮手告別了小女孩的青澀，渾身上下散發出來的是一種淡定、從容、大度，應該看重的是身體的健康，而不是過於苗條的身材。

30+女人應該展現的是成熟豐滿，而不是單薄清瘦。我們已經從容邁過為了美麗不顧一切的年齡，雲淡風輕地審視著自己，每一面都是最好的一面。趙飛燕的消瘦輕盈、楊玉環的豐滿端莊都是一種美麗。30+女人，隨性而自然，不要刻意減肥，兩眼緊盯住自己的身材不放。黃花讓人憐愛，牡丹也雍容華貴。放眼自然，一花一世界，一水一滄田，世界上的萬物，都在自由而率性地生長著，不因日落月升而悲慨感歎，我們女人身材的苗條程度，真的就那麼重要嗎？

愛運動，正在成為一種新的時尚。30+女人，心態的平淡，更能夠把運動進行到極致，抽空跳跳健美操，週末爬爬山，都是不錯的選擇。閒時逛逛街，平時擦擦地板，既可以鍛煉，又可以做家事，一舉多得，何樂而不為呢？何必在身材上糾結不休呢？

注意祛斑

美白肌膚是女人一生的事業。

——女演員，舒淇

女人到了30歲，都希望自己的皮膚白皙細嫩，所以女人會多一個習慣，就是早上起來照鏡子。只要看到鏡子裡自己的臉光滑、白嫩，自信心就會大大增強。可是一般女人到了30歲，臉上總會出現星星點點的小斑點，讓女人煩惱不已，自信心也大打折扣。為什麼自己的皮膚總會被斑點侵襲，為什麼自己與美白無瑕總有一段距離呢？30+女人被臉上的斑點弄得長吁短嘆，不知如何應對。

30+女人應對臉上斑點最常用的辦法是購買各種化妝品。但是僅僅使用化妝品，一般情況下並不能取得廣告裡播放的效果，甚至有時候還會因為化妝品使用不當，使臉上的斑點變本加厲。

雖然30⁺女人對自己臉上的斑點持深惡痛絕的態度，恨不得立刻消失殆盡，但是做任何事情都有一個過程，祛斑同樣不能急於求成。報刊、雜誌、電視上不乏一些宣傳祛斑的廣告，但這些廣告多帶有欺騙性。

如果女人盲目追求立竿見影的美白效果，聽信這些廣告，往往會欲速則不達，不僅不能達到祛斑的效果，相反，可能對自己的皮膚和身心健康產生極大的危害。

其實，人面部色斑的形成是一個緩慢而複雜的過程。它與紫外線的照射、睡眠時間少、內分泌失調等多種因素都有關係。要想達到真正祛斑的目的，必須要從這幾個方面下手，做到「治標治本」、「內外兼治」。

循序漸進，絕對不能不分辨色斑的種類和症狀，更不可僅憑廣告上宣傳的快速祛斑效果，就胡亂購買化妝品。

30⁺女人想要徹底祛斑，防曬不能手軟。紫外線的照射對皮膚傷害很大，雖然從外表看好像沒什麼變化，但是皮膚的底層會留下受傷的痕跡，慢慢在臉上會形成黑斑，使臉看起來暗淡、晦暗。所以，防曬不應該只在夏季進行，一年四季都應該使用防曬產品。

30⁺女人要想徹底祛斑，最重要的是讓自己快樂起來，保持一種愉悅的心情。長期心情壓抑，睡眠時間不充足，會使女人內分泌失調。一旦內分泌失調，女人的臉部就會生出黃褐斑。女人只要心情愉快，皮膚新陳代謝速度加快，就能淡化黑色素沉澱，使皮膚光滑細嫩。

30⁺女人還可以抽出時間為臉部做按摩。用手掌或手指進行適度按摩，動作要輕快溫柔。最好每天進行一次按摩，每次不超過五分鐘。因為過度的按摩有可能加速皮膚老化，更容易讓色斑找到出頭的機會。這種方法很簡單，容易操作，也非常有效果。

30⁺女人還可以通過改善飲食結構來達到祛斑的目的。每天喝一杯番茄汁或者胡蘿蔔汁。番茄中含有非常豐富的維生素C，被譽為「維生素C倉庫」。長期用番茄食補，可以有效減少黑色素的形成。而胡蘿蔔汁對淡化雀斑、防治皮膚粗糙有明顯的作用。

只要女人掌握一些祛斑的小竅門，並且持之以恆，皮膚一定會美白如初，使妳的自信指數一路狂升。

認真護理皮膚

皮膚是女人身體的本色，也是女人身體的底牌和基礎。

歲月滄桑，衰老是誰也無法阻擋的現實。當皮膚漸漸變得暗淡無光，當形體不再挺拔婀娜，妳是否會對自己的外貌漸失信心而最終聽之任之呢？可否想過以後如何以「黃臉婆」的形象面對生活？才剛剛30歲，就這樣早早地放棄了美，妳不覺得可惜嗎？為什麼不換一種更積極的心態去面對生活，將美麗進行到底呢？

30歲以後，女人皮膚的頂峰期已經過去，如果妳還想擁有青春亮麗的肌膚，那麼妳一定要認識瞭解自己的膚質，有針對性地去護理肌膚，只有通過護理，讓細胞一直正常地運作，才可以延緩衰老。當妳知道了每時每刻的肌膚護理原則，便能時刻為美麗加油，便能充當自己的護花使者，讓嬌美的容顏為妳長久駐足。

從表面上看，皮膚不過是身體的外層而已，實際上它還擔負著保護身體免受細菌、冷熱、紫外線的傷害，以及調節體溫等功能，可以說皮膚是人體最重要的器官之一。對於女人來說，健康美麗的皮膚更是女人動人的通行證，擁有這樣一張通行證可以讓女人更輕鬆地面對這個世界、面對自己的生活。所以，作為女人，妳一定要瞭解如何護理皮膚。

首先就是洗臉。當妳用潔面產品洗臉後，面頰的 **pH** 值會發生變化，同時表皮的水分也會流逝，使皮膚變得緊繃乾燥，所以為了保護皮膚的健康，最好使用與皮膚 **pH** 值相同的弱酸性潔面產品，這樣不但可以保留皮膚原有的滋潤成分，還能有效抵禦外界刺激，令肌膚柔潤細緻，充滿彈性。洗臉時力度要輕柔，毛巾也要選擇柔軟的，水溫要略高於手溫，否則會損傷皮膚，促使皮膚鬆弛和老化。

潔面後，千萬不要什麼也不擦，讓乾燥的空氣直接接觸皮膚，這樣會使皮膚失去光澤。潔面後皮膚的毛孔會微微張開，這是皮膚補水的最佳時機，用一些爽膚、柔膚的產品，水分可以迅速滲透到表皮層，讓肌膚有立竿見影的補水效果。保濕精華是30⁺女人每天都不可以缺少的，它可以為肌膚提供長效保濕，鎖住肌膚表面的水分，防止水分流失，只有滋潤的皮膚才能有效抵禦細胞老化。

30歲以後，女人的皮膚漸漸失去了彈性和活力，而且新陳代謝也變得緩慢，這樣皮膚表層老化的角質就會阻礙水分和滋養品的吸收，所以，要想提升肌膚的吸收能力，每週一到兩次的深層保濕護理和去角質護理是必不可少的。做護理時，手法要輕柔，不可過於用力，以防損傷皮膚。

如果因為職業或社交的原因，妳需要化妝，那麼每天晚上的卸妝工作一定要做好，選用柔和無刺激的卸妝水，避免刺激眼部周圍的細膩皮膚，動作要細緻輕柔。卸妝後一定要再次洗臉，然後補水、滋潤，一步也不可少的。

除了上面所說的皮膚護理方法外，30歲以後，我們還要注意營養的均衡，一個健康而營養良好的女人，皮膚自然會光滑、豐腴，富於彈性而有光澤。

30歲以後，妳學會護理皮膚了嗎？

女人要學會保養自己

歲月其實是女人的朋友，只要懂得照顧好自己的身體，身體是能美一輩子的。

女人要善待自己，30歲以後，女人面對的最主要的問題是「衰老」，其實，抵抗衰老並不難，這就需要女人學會保養。

30歲以後，女人一定要注意保暖，千萬不要去做冰山美人，冷是女人的隱形殺手。女人受寒，血行就會不暢，手腳就會冰涼，還會痛經，甚至臉上還會長斑，因為體內的能量受阻，不能潤澤皮膚，妳的臉還會變得沒有生氣。更重要的是，女人的生殖系統是最怕冷的，如果不注意保暖，妳的身體就會選擇更多的脂肪來保溫，妳就會長出難看的小肚腩；反之，氣血充足了，這些肥肉也就會自然溜走了。

30歲以後，女人就不要再去學小女生節食了。有的人怕體內攝入脂肪過多，平時只吃青菜水果，殊不知紅肉才是女性最需要的，因為紅肉中含有大量鐵質，能有效地避免貧血，讓妳的臉龐青春紅潤。而有些青菜水果性寒，對妳的身體可是不利的。粉領族們一定要注意運動，不可以長時間坐立，坐得太久，血液就會淤積在小腹，擠壓妳的盆腔，從而引起各種炎症，臉上還會發黃長斑，想一想那該是多恐怖啊！還有許多人為了保持苗條的體形，喜歡穿束身內衣，把腰束得緊緊的，其實一點用也沒有。束得過緊，妳的生殖系統供血不足，身體就會更冷，就會長更多的肉。

在飲食上，30歲以後，女人要注意滋陰，多吃一些性質溫和、含鐵豐富的食物，不要吃喝過多的生冷瓜果、冷飲等，像大棗、核桃、蜂蜜、大豆、紅肉、動物血，還有含膠質的食物，如豬蹄、魚凍、銀耳等，要多吃，不要因為害怕長胖而拒絕食用這些東西，這些食物可以有效增加妳體內的鐵質、鈣質，從而使妳血液充足，血行流暢，自然可以保持面色紅潤而有彈性。另外，30歲以後，飲食應以清淡為主，少食用五味過甚的食物，過鹹過辣或者油炸的食物食用之後是會耗費我們的中氣的，這樣就會嚴重地損耗我們體內的水源，妳想想看，是不是每次吃了這些東西就覺得口乾舌燥呢？都說女人是水做的，體內的水分流失，妳的皮膚能不乾枯嗎？除了上面所說的，還可以飲用枸杞茶、蓮子湯、燕窩粥、糯米酒等，這些東西滋陰補血的效果是很不錯的。

30歲以後，女人要保持一個平和的心態，不要大喜大悲，也不要憤怒、壓抑，因為這些情緒都會影響妳的身體，中醫理論上就講：「喜甚傷心，怒甚傷肝，悲甚傷肺，思甚傷脾，恐甚傷腎。」

30歲以後，不管妳是天生麗質還是相貌平平，都應該學會美容，不要認為這樣太奢侈，據一個統計資料表示：現在有外遇的男人，90%是因為對自己的愛人外在疲乏。愛惜自己的皮膚是女人的權利，不僅僅是為了他，更是為了自己。果斷消費，為了自己活力常駐，去做護理、做美容一點兒也不過分。當然，生活中總還有許多有效而且經濟的做法，也可以達到美容的效果，比如牛奶敷臉就是個不錯的美容方法，不僅可以美白，還能鎮靜皮膚，特別是夏天還能恢復日曬後皮膚的水分，遠比什麼化妝品效果好得多。蜂蜜敷臉也是相當的不錯，不僅護膚，還可以抑制細菌的滋生。諸如此類的方法我們不妨試試看。

「天底下只有懶女人，沒有醜女人」，30歲以後，女人要學會從內到外地保養自己，讓自己能夠青春永駐，魅力永存！

在髮型、妝容上多做新嘗試

上帝給了女人一張臉，女人能夠造出另一張來。

——散文家，梁實秋

對於女人來說，美麗是一種永恆的誘惑，美麗是一生的事業。柔嫩的肌膚、得體的裝扮、飄逸的長髮、婀娜的曲線、高雅的氣質，無不在妝點女人的美麗，可以說美麗就是女人自信的泉源！可是，30歲以後，女人們不由得恐慌起來，曾經的亮麗正在逐漸遠去，我們該如何留住我們的美麗呢？

30歲以後，女人不妨在髮型、化妝上多做一些嘗試，也許妳會得到意外的驚喜。30歲以後，就不要再留著一條數十年不變的大辮子，或者永遠是那一成不變的長髮，時常換換髮型，會給人一種新鮮的感覺，妳的人也會更加充滿活力。清新飄逸、健康美麗的秀髮是女人的第二張臉，時常「變變臉」，妳的氣韻會更加迷人。

如果妳擁有如詩如畫的三千青絲長髮，或散或束，或者編成一對漂亮的麻花辮，不要覺得麻花辮已經不適合年過三十的你，辮子時而在前，時而在後，飄逸靈動，更顯出妳的搖曳風姿。散開妳的長髮，披在肩頭，自由而不受拘束，一旦有風襲來，髮絲就被寄予了靈魂，變得動感，整個人也充滿了活力。

當然，妳還可以留流暢清爽的直髮和委婉柔美的捲髮，無論是剪、燙、染，還是打薄、剪短、拉直、捲曲、織辮、盤花，任妳用盡其極，任妳千變萬化。如果實在覺得麻煩，還可以讓假髮幫妳製造個新形象。

30歲以後，女人一定要學會化妝。妳要知道，即使是天生麗質，也要經過後天的裝扮。不要以為用個洗面乳、擦個化妝水就算是化妝了，充其量那不過是對皮膚的簡單護理罷了。在當今社會，化妝已成為女人們生活中不可缺少的一部分，化妝也成了打造女性魅力的一門藝術，適度而得體的化妝可以讓女人更端莊、美麗、大方而溫柔。

通過化妝，曾經的缺憾可以變成富於個性的美麗，原來的美麗會越發嬌美。在這多元化的社會裡，連美麗都是多元化的，沉魚落雁，各有千秋。如果妳對自己的某個地方不夠滿意，不要緊，化妝可以幫妳實現這個願望，創造出你的個性美來。通過化妝，可以讓妳的五官立體有致，從而組成優美的臉型。化妝最重要的就是把握三種基本用色：底色、輪廓色和變化色。其中最能展現妳的獨特魅力和多變風格的就是變化色了，根據妳所穿的服飾、所處場合或表達風格的不同，眼影、腮紅、口紅、眉筆、睫毛膏可以千變萬化。再加上粉底的使用，經過層層渲染、精雕細琢之後，煥然一新的妳會讓多少人注目回首啊！常換常新的髮型，自然得體的彩妝，會使30歲以後的妳越發嬌美豔麗！

在穿著上切忌張揚與暴露

不要讓人家覺得妳刻意要去擠露妳的胸部讓人家看，很多這樣做的人就是因為她沒自信。

——藝人，陳明真

世上的女人都愛美，愛美的女人總喜歡在自己的服裝上多花點心思。「服飾」是女人字典裡永遠不變的字眼，女人對穿著的重視程度是男人想破腦袋也想不明白的。

二十幾歲的小女生未經世事，什麼也不知道，所以什麼也不怕。她們敢說、敢想，當然也敢穿，於是吊帶小背心、超低腰牛仔褲、露肚臍短T恤輪番上場。

人們見到個性張揚、穿著暴露的女生，至多只會表示理解地笑一笑，不會做太多評論。

可是30+女人就不一樣了，如果這個年齡層的女人仍然穿成這樣，大部分人都會嗤之以鼻，有點口德的說這是裝可愛、回歸清純，沒有口德的人則會直接把這種女人歸為非正常職業、狐狸精之流。

30+女人積累了一定的閱歷和成績，各方面都非常穩定，在這樣的情況下穿著不暴露、不張揚，而是得體、優雅，將更加美麗，就好像玫瑰綻放的那一瞬間，能夠從內到外散發一種超越世俗的內涵與韻味。這是二十幾歲的小女生即便用青春和性感都換不來的。

30+女人要知道，女人的魅力是通過言談、舉止、文化底蘊等很自然地展現給周圍人的，穿著暴露，只會讓人覺得妳是在刻意顯露妳的身材，不僅毫無魅力可言，還會使人覺得妳很自卑。只有缺乏自信的人才會通過暴露的手段來獲取他人對自己的注意。

職場上的30+女性穿衣服更要講究，切不可暴露、張揚，否則會成為女人職場上的絆腳石。李文芳三十剛出頭，容貌秀麗，工作能力強。她想應聘一家電器公司的性能研究職位，面試時特意為自己準備了超短的黑色短裙，黑色絲襪，豔麗的高跟皮鞋。面試主管第一眼看到她的裝扮，眉頭皺了皺。接下來的問題儘管李文芳對答如流，可是還是沒能面試成功。在心理學中，有一種「首因效應」，也叫先入為主效應。個體的第一印象產生的作用最強，比以後得到的資訊對於事物整個印象產生的作用還要強。因為李文芳沒有注意到自己的打扮太張揚，給面試官的第一印象就不好，造成了面試的失敗。

結婚之後的30⁺女人更不要穿著暴露。因為男人都不喜歡自己的妻子穿著張揚，穿的太露骨和暴露，即使是花心的男人也不喜歡。女人如果穿著太暴露，男人會認為妻子有「出軌」的想法，而且男人也不喜歡自己的妻子成為大眾欣賞的對象。他們很在乎自己妻子的穿著，如果太張揚，男人會感覺不好意思。所有的男人都會認為自己的妻子打扮應該適度。

一般男人也不敢和穿著太暴露的女人在一起，怕別人看見，產生不好的影響。一般男人都喜歡嫻熟、文靜、不張揚的女人，因為這樣的女人能帶給男人名譽、聲望、面子。30+女人如果穿著得體，不僅會顯得更加美麗，還可以體現出一個現代文明女性良好的修養和獨特的品味。

千萬別再去做什麼整容、隆胸的手術

女人貴在真實。

——題記

每一個女人都希望自己能夠擁有一張絕代風姿的臉龐，希望自己能夠擁有一對豐滿、圓潤而富有彈性的乳房，但是，如果妳已年過三十，奉勸妳千萬不要去做什麼整容、隆胸了，姑且不說那高昂的手術費，妳要知道妳那歷經三十年風霜的皮膚已經經不起額外的折騰和重量了，而手術又都是有傷害的，它本身就是一件消耗能量的事情。手術有風險，決定需謹慎！與其花錢受罪，還不如好好地打扮一下自己呢翻看報紙雜誌，鋪天蓋地的都是形形色色的整容、隆胸廣告，各種整容、隆胸手術均以高科技的姿態出現在消費者面前，還標榜只需三十分鐘，安全無痛，不出血，無疤痕，無須住院，不影響工作和日後哺乳，彷彿整容、隆胸是一件極輕鬆的事情，就好像洗臉一樣。可是事實如何呢？

流行音樂之王麥可・傑克森，他生前熱衷於整形手術，可年僅50歲就去世了，有傳聞說他是因為整容過度導致的心臟病突發；前阿根廷小姐蘇郎・瑪涅諾，在做了整容手術後發生嚴重的肺栓塞，三天後就死亡了。為了美，疼痛固然算不了什麼，可是如果連生命都沒有了，美又有什麼意義呢？人為了美而死，值得嗎？

還有那標榜什麼「營養素」、「活細胞」、「注射式」的隆胸手術，真的有那麼神奇嗎？

一位35歲的女士，看到了一家醫美診所刊登的「十天豐胸」廣告，說是採用「乳房再生營養凝露」進行豐胸，自然發育增大，無副作用，十天即可達到理想效果，無效雙倍返回。這位女士信以為真，於是花了十幾萬豐胸。可是不久雙乳就開始疼痛，而且摸上去有硬塊。這位女士去找過多次，要求賠償，而醫美診所根本不肯按條款退錢。

還有位女士，花了三萬元做了抽脂隆胸手術，手術後不久乳房就開始感染化膿，於是診所就在這位女士的乳房上切開幾個洞插上引流管排膿，結果她的乳房感染化膿越來越嚴重，乳房裡已經結塊，診所又自行把乳房內的硬塊刮出。看情況不妙，這位女士才住進醫院，醫生發現她的乳房呈四角形狀開了四個口，不斷地有膿水從裡面流出，從裡面共拉出了十六塊紗布。這位女士的乳房已經全部空了，並且喪失了哺乳能力。

看了這些觸目驚心的案例，不由得讓人感覺痛心，我們在關注外表、形體、肌膚的同時，是否應該更加關注我們的健康、精神和心靈呢？30歲以後的女人們，妳們還會去做什麼整容、隆胸手術嗎？

性感內衣是女人的一種柔情

女性追求性感，這是天經地義的事情。

這是內衣嗎？分明就是幾小塊布帶及布條的組合嘛！你看那紅色的內衣套裝，褲子是三條不足一公分寬的布條連著一小塊沒有一個巴掌大的網狀布料，上面還有若隱若現的繡花，天啊，這是能遮哪裡？再看那胸罩，胸杯一半是透明紗網布，另一半還鑲著閃亮的亮片，搖曳生姿，魅惑誘人。

沒錯，這就是性感內衣，充滿情趣的內衣。

隨著人們思想觀念的進步，性感內衣正在悄悄地走進現代人的生活，為現代人的生活增添無窮的情趣。不同的顏色、不同的款式、不同的質地，象徵著不同的含義，女人能夠通過內衣對自己的愛人訴說著心中的秘密和柔情。30歲以後，女人們不要覺得羞澀，妳應該擁有一套性感的內衣，妳要明白，現在一套質地優良、性感的內衣，對女人來說已不僅僅是內衣了，它儼然成了女人的第二層肌膚。一套好的內衣可以雕塑出一個風情萬種、與眾不同的女人。

性感內衣是一種神奇的東西，它動靜有度、遮露得體，恰到好處地展現著女性動人的身段和曲線，為女人平添幾分嫵媚嬌豔，無聲地修飾著主人，讓女人輕鬆自由，心情坦蕩，使她那自信、高雅、考究的魅力由內而外地散發出來。難怪有人說，如果說時裝是化妝品，那麼內衣就是女人時時刻刻不該忽略的護膚品。

性感內衣是女人的一種柔情，更是女性對自己的一種寵愛，這種愛是女人對自己的。在欣賞、購買、穿著這一系列的過程中，女人對自己充滿期待，充滿憐惜，充滿了自信，這裡面有對生活和自身的幻想，有對現實和未來的期望，這美麗而性感的內衣包含著女人內心中一個小小的滿足。所以，性感內衣就像是一種可以持久的愛情，即使是在柴米油鹽中依然可以生輝。

30歲以後，女人就不要那麼保守了，新鮮事物不妨多去嘗試一下，對人對事也不必那麼謹慎，嚐鮮一些未嘗不是好事，不要認為穿著款式奇特、顏色鮮豔的內衣就是不正經，純情、端莊固然很好，新奇創新也未嘗不可嘛。

30歲以後，大多已婚女性都會為自己的婚姻狀況擔憂，老公的冷淡使自己的內心不由得恐慌起來。買一套性感內衣吧，據調查，有92%的男人說性感內衣是最具挑逗性的服飾。而在這92%的人中，又有73%認為性感內衣是使他們能在長期固定的男女關係中維持「性」趣的功臣。為了輔助妳的感情生活，30歲以後的女人去買一套可以突顯妳身材的性感內衣吧，這對增進妳的感情無疑是有利無害的。

在這個多情狂熱的時代，變得時尚一些，性感一些，個性一些，穿一套充滿情趣的內衣，更能夠淋漓盡致地展現女人的風采！

擁有自己的一套寫真集

認識你自己。

——古希臘哲學家，蘇格拉底

很多時候，我們都會認為寫真集只是那些影視明星們的專利，可是，不知道從什麼時候開始，寫真集已經悄悄地、越來越多地走進了普通的家庭。很多追求時尚的女性，都已經擁有了好幾本屬於自己的寫真集，甚至連剛參加工作的小女孩們，發了第一個月薪資後，第一件事也是先走進攝影工作室，拍攝屬於自己的寫真集。還有許多不服老的老太太也加入了寫真集的行列，她們想從相館中尋找到自己年輕時的影子。

30歲以後，年輪開始在妳的臉上留下痕跡，在驚歎惋惜之餘，妳可曾有了自己的一套寫真集？如果還沒有的話，趕快行動吧。

拍一套寫真集，不僅是要留下自己青春的影子，還是對自我的一種欣賞。30歲以後，女人要學會欣賞自己，這樣才能得到別人的欣賞。欣賞自己的生活、欣賞自己的健康、欣賞自己的幸福、欣賞自己的愛情……欣賞自己的一切。

拍一套寫真集，妳可以更充分地瞭解自己，看著鏡頭中的自己，妳可以瞭解自己的身體、容貌，瞭解自己的優點、缺點，瞭解自己的思想、靈魂，從寫真集中，妳可以看到另一個自己，妳可以知道自己喜歡的是什麼，自己的樂趣在哪裡。30歲以後，拍一套寫真集，可以給妳帶來更多的意想不到的驚喜。拍一套寫真集，意味著妳真正成為了熟女，這是女人成熟的一個儀式，從這天開始，妳懂得了如何正視自己，無論是身體上讓妳驕傲的美麗，還是身體上的某些不足或缺陷，妳都能夠完全地接納自己。愛自己，才能愛別人，也才能得到別人的愛。

拍一套寫真集，也是對心靈對話的一種方式。那每一張圖畫都是一個故事，而故事的主人公就是妳自己，這故事折射的就是自己的成長軌跡，自己的精彩人生，悲歡成敗都是收穫。拍一套寫真集，也是妳自信的一種體現，它是對妳勇氣的一種考驗。只有擁有足夠的勇氣、足夠的自信，才能獲得一套完整的寫真集。30歲以後，妳不妨再放開一些，去拍一拍人體寫真，向傳統的觀念發起挑戰，和世俗眼光反叛。不要覺得這很色情，要明白拍人體寫真與拍色情圖片是有明顯的區別的，雖然有部分同樣需要裸露身體，但是前者讓妳得到美的享受，後者卻讓妳感到噁心。通過現代高科技手段的運用，妳的身體部位不僅不會顯得突兀，相反還會襯出妳的優美體形來。

拍一套寫真集，留下自己美好的回憶。當妳年老體衰時，翻看一下那一幅幅的老照片，妳會想起年輕時的點點滴滴來，回憶起曾經的失敗與拚搏、曾經的喜怒和哀樂。若干年後，能夠有個值得紀念的東西，總比什麼都沒有要強。也許30歲以後的妳已經有些許發福，也許妳的眼角已經有些許皺紋，可是沒關係，我們想要記錄下來的，不正是這真實的生活嗎？

30歲以後，追求完美的女性，不要再猶豫，不要再徘徊，大膽地走進攝影棚，事先做功課，動手找資料，多方打聽後，找一個專業且正派的攝影師，讓他幫妳認真設計一本能夠給妳留下美好回憶的寫真集吧！當妳拿到屬於自己的寫真集時，妳會發現自己是世界上最美的女人。

第四章

提昇自我，不被時代淘汰

女人，請把自己修煉成精

決定我們命運的不是我們的能力，而是我們的選擇。

——中國電視主持人、企業家，楊瀾

經歷了三十年的風風雨雨，經過了三十年的苦心修煉，作為女人，我們學會的東西越來越多，雖然失去了年少青春，卻增添了許多的魅力：優雅與淡然，簡單與精彩，從容與釋放，童真與知性……想一想真是不容易啊，這一切都做到了，30+女人豈不是修煉成精了。恰恰是這樣，30+女人，就要修煉成精！

30歲以後，女人要在輕描淡寫中從容面對一切，要不動聲色地把一切拿來為己所用；30歲以後，女人要變得成熟、獨立、寬容，還要風情萬種；30歲以後，女人要內斂而又不失張揚，要含蓄而又不失妖嬈；30歲以後，女人要如那輕歌曼舞的彩蝶，舉手投足之間都要流露出別樣的風韻。健康、優雅、奔放、性感……這一切都應該成為30⁺女人的資本。

女人30歲以後，如果能把自己修煉成精，那麼妳就是女人中的精品、女人中的極品，即使沒有嬌美的容顏，沒有少女的青春，也同樣能夠魅力四射。

這裡說修煉成精，不僅僅是要善於修飾服飾容貌，最重要的是要修煉德行。要明白穿衣打扮，只不過是一種姿態罷了，而妖精的魅力絕不同於美麗，魅力是從裡向外透出的一種氣質。30歲以後，女人要懂得保養自己，外要營養內要修養，這是戰勝年齡的唯一武器。經過長期的內外兼修，可以使女人性情淡定而又風情萬種，舉手投足間都可以透出一種高雅與靈秀，它可以讓女人活到老、美到老。

也許有的人會說，女人成精了絕不是好事，看那褒姒妲己，簡直就是紅顏禍水，禍國殃民。其實，這類女人還不是我們要修煉的「妖精女人」，她們充其量也不過是會蠱惑男人的女人罷了，她們也並沒有做到「修煉」二字。妖精女人是懂得修煉德行的，她們能修煉到行雲流水、爐火純青的地步，就會有良好的心態和優良的品質，只有達到成「精」的境界才能稱之為妖精之人，這種女人才是精品、極品。

女人只有拋棄妖氣，潛心修煉方能成精，而且還要有正確的方向，《西遊記》中就有許多女人經過了千年修煉，只是因為方向不對而成了遭打的對象。再看看蒲松齡筆下的女人，個個也是經歷了千年修煉，只因她們心地純良、心存善念，雖非人類卻個個美麗可愛。時下很多女人因耐不住寂寞，經不住修煉的艱辛，或者沒有修煉的智慧與資本，所以修煉成精的女人並不多。倘若一個女人經過了千山萬水，度過了寒來暑往，踏過了刀山火海，耐住了風霜雨雪，那這樣的女人真是修煉成精了，也便成了女人中的精品。

30歲以後，女人就要好好地修煉自己，修煉出一個「千年的妖精」，修煉出一種紅顏於外、香韻於內的風情，使自己成為女人中的極品！

學會提升自我價值，做幸福的締造者

當一個人走過生活時，他會認識到如果自己不擺渡，自己的小船是不會動的。未來屬於那些有美麗夢想的人。

——羅斯福夫人，埃莉諾・羅斯福

30歲以後，女人應該學會提升自己的價值，做自己生活的主人。什麼是自我價值呢？自我價值是一種內心深處對自己的感覺，是妳怎麼看待自己和對自己在生活裡有多大重要性的評判。這是一種對自己說「我喜歡我自己」或「我不喜歡我自己」的感覺。

首先，妳要學會塑造自己健康的形象，因為妳的一言一行都可以反映出妳內在的素養。一個心理專家就曾經說過：「一個人表現出來的風度和他內在的素質是一致的。」所以，妳若想提升自我價值，首先就要塑造自己健康的形象，不僅僅是體格上的健康，還包括妳積極向上的心理、精神飽滿的面貌等。一個人健康了，也就會自信起來，自然就可以昂起頭來不停地前進，自我價值就會得到提升。要知道，在很大程度上，是妳掌握著自己的命運，妳的心態決定了自己的價值。

女人的自我價值就是對自我的肯定、對自我的接納程度。所以，要提升妳的自我價值，就一定要學會自信。有許多女人，雖然已年過三十，可是依然膽小、懦弱，害怕被拒絕，缺乏自信和勇氣，其中一個重要的原因就是自我價值低。我們說提高自我價值，其實就是使自己喜歡自己，而最有效的方法就是積極的心理暗示。

如果妳總覺得自己是個不合格的、不重要的、低下的或者無能的人，這種自卑的心理就會使妳做什麼都畏手畏腳，從而一事無成，成為一個失敗者。相反，妳如果從心裡把自己看成上帝的寵兒，處處都對自己很滿意，妳的言行自然就會自信而陽光，同時妳的情緒還會影響到周圍的人，無論做什麼也就顯得格外順利了。

女人一定要自信，要從心底裡確認自己能行，這樣妳才不會為一點困難而退縮。當妳完全相信了自己的價值時，妳就能充滿信心地完成任務。

有一回，我和朋友一起去她女兒的學校，看她女兒參加足球賽。朋友的女兒擔任的是守門員，從頭到尾，這可憐的孩子一次球都沒碰到。只有唯一的一次，她得到了球，往右邁了一步，又往後退了一步，往四周觀望，準備把球傳出去。然而，對方敏捷的前鋒很快就把球搶走了，還好後衛補防及時，才沒有釀成大錯。朋友感覺非常尷尬，不知說什麼好，這場比賽對她女兒來說簡直是一團糟。可是她女兒下場後帶著興奮的笑容向我們跑來，說：「媽媽，妳看見我那兩個動作了嗎？感覺太好了！太乾淨俐落了。」

聽著孩子那還帶有稚氣的話語，我驚呆了，在我們大人看來非常糟糕的表現，她卻表現得如此興奮，這種自信，這種對自我價值的肯定，不正是我們許多大人都沒有的嗎？一個人每天都在說要提升自我價值，可是我們竟然還不如一個孩子啊！自信，是提升自我價值的前提。

30歲以後，女人應該提升自我價值，要學會把眼光放在自己正在閃耀的地方，看到自己最好的地方，只有自己重視自己，別人才可能把妳當成寶石看待。妳可以犯錯，但是千萬不要因此而貶低自己的價值。當然，這並不意味著我們應該對自己做錯的地方不屑一顧，實事求是地說，每個人都有需要改進的方面，只是我們不能把精力集中在我們的錯誤上，而停止享受所擁有的一切，女人就要為自己感到快樂！

世界在發展，時代在進步，女人也要隨著時代的步伐前進。30歲以後，女人只要能夠克服自卑心理，樹立自信心，認識並且提升自己的價值，就能做幸福的締造者。

女人可以不美麗，但不能不智慧

智慧女人，魅力人生，幸福一生！

相信世界上的所有30+女人都有一個夢想，那就是希望自己能夠有「閉月羞花，沉魚落雁」的容貌。可是，上天不會將這傾國傾城的美貌平均分到每一個女人身上，而且，假如世界上所有30+女人都擁有同樣出眾的容貌，也就沒有了比較，也就不再有美醜之分了。

的確，30+女人需要美麗，但更需要智慧。有了這種智慧，女人才能掌握生活的主動權，才可能用智慧創造生活，成為一個既自立又自信的魅力女人！由此可見，不管30+女人相貌是出眾還是平凡，只要擁有智慧，一樣可以擁有美麗的人生。

對30+女人來說，智慧就是一把開啟美麗人生大門的鑰匙。雖然人人都喜歡美麗的女人，可是外在的美貌會隨著時間的流逝而一點點減弱，人們對其所喜歡的程度也會一點點降低。與美貌相比，智慧就大不同了。它是融入30+女人內心的東西，是女人專屬自己的美麗。它不像美貌那樣顯露在外，可是卻像深埋於地下的寶藏，永遠也挖掘不完。擁有智慧的女人也必將會像那毫不引人注目的仙人掌一樣，總有一天能盛開燦爛的花朵。

美貌也許是女人的一筆財富，它只會讓人們羨慕，可是智慧卻讓人敬佩。只有膚淺的女人才自以為只要擁有了光彩照人的外表和首飾就可以獲得成功，而聰明的女人還會設法讓自己身上具備智慧。擁有美貌的女人，雖然也會被大家津津樂道，可是不容易被人們記住，可是擁有智慧的女人卻可以征服很多人，甚至全世界。

擁有智慧的30+女人，身上總是閃爍著睿智的光芒。她能讓自己冷靜地處理各種問題，有了麻煩，也會先從自己身上找問題，然後再找出問題的關鍵所在，尋找合適的解決方法。我們還看到，擁有智慧的30+女人心中有堅定的信念。她想辦法讓自己積極地去面對生活，適時地取捨，適時地把握自己、調整自己。智慧的女人總是在不斷提升自己，使自己的生活更加絢爛奪目。

可見，30+女人不管是否擁有美麗，最重要的是開動自己的智慧和聰明才智，懂得生活情趣，懂得製造浪漫，讓自己像哲人一樣思想，像凡人一樣活著，用靈動的頭腦去辦事情。如果30+女人用好智慧這塊法寶，相信妳會是世界上成功者中的一名。

幽默是人生的大智慧

一個懂得幽默的女人，不見得多美麗，但肯定是睿智豁達、善解人意的女人。

——艾莫

30歲以後，一些女人往往變得更加敏感，看待問題也多傾向於出自現實的角度，觀察事物更加謹慎認真，這樣一來，有時候很容易把幽默和玩笑當真，讓人覺得很尷尬。而且，由於女人的防衛心理本身就較男人要強，所以一旦遇到一些涉及自身生活與處境的玩笑，往往就會從自我保護的角度去考慮，而不把它當做玩笑。這些特點恰恰導致了女人時時刻刻處在緊張的戒備和防衛狀態中，她們凡事認真，刻板無趣，更不要談什麼快樂了。

來看那些臉上總是綻放著燦爛笑容的女人，看著她們的臉都會讓人覺得幸福，她們往往都是一些幽默、睿智和豁達的女人。30歲以後，女人就應該學會幽默，在幽默中享受快樂的生活。真正聰明的女人懂得通過幽默來尋找和製造快樂。她們懂得什麼時候應該認真謹慎，什麼時候可以一笑了之；她們能夠在無傷大雅的玩笑中獲得快樂，並且帶給別人快樂，而不會把幽默看得過於認真，自己不開心，也影響了別人的情緒。

年過三十，大多數女人都已經走出了家庭，在社會各個領域建立起了自己的事業，更有許多女性還是現代女性中的佼佼者，她們經歷過歲月的磨煉，在生活和工作的熔爐中沉澱出一種樂觀豁達的人生態度，她們明白怎樣巧妙地運用幽默為自己的人生添加色彩，她們知道如何用輕鬆自嘲的玩笑為自己的生活增加一抹亮色。

對這些女性來說，幽默絕對不是那些無聊的調侃，幽默是生活中不可或缺的一種豐富調味品，它是人生的大智慧。

幽默可以讓女人變得豁達開朗，面對生活中的挫折能夠更加坦然，絕不會灰心喪氣。相反，那些不懂得幽默的人，一旦遇到挫折或者困難，往往把自己置於一種怨天尤人、自哀自憐的氛圍中，這樣固然可以獲得他人的同情和幫助，可是長此以往整個人就會顯得情緒低落，看起來就如同一個怨婦，又有誰能夠喜歡呢？而懂得幽默的女人則不然，她們往往能夠口吐蓮花，用幽默的語言輕鬆化解自己對環境的不滿，從而很好地調節了自己的心情，以樂觀向上的態度向困難進軍。

懂得幽默的女人不但自己可以從中獲得快樂，還可以帶給身邊的人無限的快樂，讓大家覺得輕鬆舒心、溫馨自在。30歲以後，女人若能時時地幽上一默，無論是自嘲，還是娛人，只要看到妳那樂呵呵的笑容就會讓人感覺到俏皮、迷人。一個沒有幽默感的女人，就好比鮮花失去了香味，清泉沒有了源頭，形雖具而神已散。

曾經有人說過，一個懂得幽默的女人，不見得多美麗，但肯定是睿智豁達的、善解人意的女人。這樣的女人熱愛生活、懂得生活、更會生活，她們會用幽默的方式來放鬆自己，為自己平凡的生活製造快樂。

30歲以後，如果妳想讓自己成為隨時隨地都快樂幸福的女人，那麼就學會幽默吧！讓自己在幽默中散發出無窮的魅力，更好地去享受生活的樂趣！

不斷用新知識充實自己，做知識的富有者

多讀些書吧，知識是唯一的美容佳品。書是女人氣質的時裝，書會讓女人保持永恆的美麗。

——法國作家，羅曼．羅蘭

歲月如梭，光陰似箭，轉眼已經年過三十，不惑之年似乎也觸手可及了，年過三十的妳準備如何度過自己的後半生呢？聰明的女人現在該好好籌畫一下，為自己的將來準備一下糧食了。妳一定不願意自己的後半生過得淒涼黑暗沒有光明吧？妳也一定不願意像不會覓食的小鳥一樣被活活餓死吧？那麼，就從現在開始，抓住每一次機會，抓住每一分鐘，隨時隨地不斷地學習吧，努力提升自己，

不要被時代的潮流拋棄。

這是一個多元化的社會，每一天都在發生著日新月異的變化。這個社會對人才的要求也越來越高，我們隨時都面臨著失業的威脅，想一想，若干年後妳一旦失業，然後再去和一群二十幾歲的年輕人競爭，妳覺得自己有足夠的優勢嗎？即使妳父母給你留下了足夠的財產，即使妳老公是百萬富翁，可是妳能保證這些不會發生變化嗎？妳能保證妳老公對你的感情不會發生變化嗎？還有房子、孩子的教育、雙方長輩的養老等一系列的問題，都是擺在妳面前的現實問題，妳可曾想過這些？如果等妳到了四五十歲再去考慮這些問題，那恐怕就為時已晚了。

30歲以後，女人要不斷提升自我，趁著妳還年輕，及時為自己充電，不要等到暮年才後悔不及。30歲以後，如果妳有足夠的時間，不妨去參加一些進修課程。現在社會上有許多短期培訓班，在那裡妳可以靈活地制訂自己的學習計畫，學習各種有用的知識，見縫插針地為自己充電，比如學習一下企業管理、市場行銷、溝通能力、營養知識等，這方方面面的知識可以開闊妳的視野，打開妳的眼界，從而使自我素質不斷得到提升。

如果可能的話，30歲以後，妳不妨再學習一門外語。在大學校園裡，我們很容易就可以辨別出哪一個是外語系的，因為學外語的女人格外有氣質，這不僅是因為她掌握了一門外語，還有她身上透出的那份與眾不同的自信，特別吸引人。有人曾經這樣比喻，學好一門外語，就像終身抹上了一層嫣紅的唇膏，那些隨音節自然流露出的風情，是任何保養品或者華貴的衣服都無法代替的，讓人變得格外高貴。

30歲以後，女人的生活是否幸福、是否風光，關鍵就在於妳現在做了什麼，妳可曾跟上了時代的潮流，妳可曾不斷地提升自我。有一句話說得非常好：「女人嫁得好不如做得好，長得漂亮不如活得漂亮。」這就是在提醒我們，真正有能力的人才會過得滋潤，過得快樂，過得幸福！為了妳的將來，那麼，從現在開始，努力進取吧，不斷地修煉，不斷地進步，做時代的潮人！

定下人生目標，為之而奮鬥

有些人活著沒有任何目標，他們在世間行走，就像河中的一棵小草，不是行走，而是隨波逐流。

——古羅馬哲學家，小塞涅卡

俗話說「三十而立」，30歲確實是人生成長階段的一個重要的轉捩點，特別是對於女性來說，這時正面臨著事業、婚姻、家庭、生育等種種人生問題，很多女人在這時都會感到迷茫、困惑，內心越來越矛盾，越來越慌張，30年來一直在不斷地努力，可是為什麼此刻卻感覺似乎失去了方向？

其實，我們大多數人每天都在無意識地生活著，雖然每天的工作生活讓妳忙忙碌碌，可是卻從來沒有認真地想過自己的人生目標是什麼，自己想要過什麼樣的生活。30歲以後，女人應該好好來思考一下這個問題，確立下自己的人生目標，這樣我們才能更加理性地思考自己的未來。

生活中，如果能夠確定一個實實在在的目標的確會讓人很滿意，可是要找到這個確切的目標並不簡單。很多人活了30多年，似乎一直都在奮鬥，求學、就業、談戀愛、結婚、生子，似乎每一個過程都在不停地追求、拚搏，可是這些就是妳內心深處真正想要的嗎？如果年過三十，還不能對自己的人生目標進行有效地規劃，最後影響的很可能就是妳的家庭生活和事業發展了。

那麼，30⁺女人該如何確立自己的人生目標呢？首先妳要明白，妳內心深處最想要什麼，妳想過什麼樣的生活，妳打算怎麼來實現？所以妳的目標一定要是長期且遠大的。如果沒有定下長期的人生目標，恐怕妳就會被短期內的種種困難打倒了。確立長期目標之後，妳可以再把它切割成一個個小目標，即短期目標，一個一個來實現。就好像馬拉松比賽一樣，全程當然漫長，似乎遙不可及，可是當妳把它分割成一個個的短程後，就會發現跑完全程並沒有想像中的困難。目標遠大，才能激發妳的鬥志，如果妳的目標不夠遠大，很容易就可以實現，那麼妳的思想就難以集中，也無法充分地發揮自己的潛力，這個人生目標也就沒有什麼實際意義了。

有的人說，我的人生目標就是賺錢，賺很多很多的錢，成為比爾．蓋茲第二；有的人說，我的人生目標就是投身慈善事業，可以幫助很多很多人；也有人說，我的人生目標是環遊世界，遊覽各地風光……這些人生目標都很誘人，可是妳打算怎麼實現呢？有自己的計畫嗎？還是說，定了目標就算了，根本就沒打算實現？還是妳認為自己根本實現不了？妳能想像一個沒有任何背景的窮小子能當上美國州長嗎？他沒有受過專業訓練，卻成為了健美運動員，然後又成功躋身於好萊塢影星之列，最後竟然當上加州州長，從體壇、影壇邁向了政壇，而從政正是他從小立下的人生目標，他成功了，他就是阿諾．史瓦辛格。

30歲以後，女人要定下自己的人生目標，它會在前方吸引著你，召喚妳一路前行！

隨時隨地學習有用的知識

時間就像海綿裡的水，只要擠總會有的。

——魯迅

一大早起床為老公做早餐，一遍一遍跑去叫醒賴床的兒子和女兒，苦口婆心地哄著他們吃完飯，然後護送他們上學；在返回途中，順道到便利商店繳電話費、水電費；回到家，馬不停蹄地洗大人小孩的衣服；晾完衣服，趕緊到菜市場或者超市買菜，回家還要仔細記帳，以便向老公交待；接著自己簡單而匆匆地吃個午餐，而後澆花，清理貓砂盒，給狗狗洗澡，曬被子，擦地板，做點縫紉的小東西……很快就到了接孩子回家、準備晚餐的時間，因為心疼老公上班賺錢辛苦、怕孩子們在幼稚園吃的不太好，晚餐特意做得很豐盛……孩子們吃完，自己玩去了，而老公則兀自坐在客廳沙發上看起了足球賽。留下她一個人整理廚房、洗碗，把收好的衣服疊好，鋪床哄小孩睡覺……

以上是很多已婚後的30+女人生活寫照，「忙的一點時間都抽不出來」是她們的心聲，對於邊工作邊照顧家庭的女人更是如此。於是，她們往往是想學習知識，卻總是心有餘而時間抽不出來，只能放棄。的確，30+女人為了工作、丈夫、孩子、家人忙裡忙外，能夠支配的屬於自己的時間也十分有限，但這些並不能成為不讀書的理由。

有人曾說過這樣一句話：「成功與失敗的分水嶺可以用這麼五個字來表達——我沒有時間。」如果想要給自己充電，就必須擠出時間來學習，只有這樣自己才能在生活中遊刃有餘，獲得幸福的真諦。

我們每天都有許多零散的時間在不知不覺中浪費掉了，若能充分利用這些時間，隨時隨地給自己進行知識「充電」，長期下來，則終必有成。陸放翁所說的「待飯未來還讀書」，古人所謂的「三上之功（枕上、馬上、廁上）」，都給我們指出了解決時間不夠問題的訣竅。如果每天都抓住一個小時的零散時間，那麼一年就有了三百六十五個小時，大約四十五天，按照這種演算法，每天少看一個小時的電視，就可以擠出時間來學習了。只要運用自己的理性，不為自己找任何怠惰的藉口，妳就會發現，有很多時間可以去學習自己需要學的東西。

另外，社會就是我們的大學校，我們所遇見的人、所接觸的事、所得到的經驗，都是這所學校中的老師。只要我們打開我們的耳目，那麼在我們生活的每時每刻都可以攝取知識。這些知識會累積在妳的頭腦中，成為妳自己隨時隨地都可取用的力量源泉，永遠都不會消失。

30歲以後，當妳把讀書看做生活中的一部分，如飲食、喝水一樣不可或缺時，就不會感覺沒有時間學習了。

計畫好自己每天的時間

即使在人生中，也和國際象棋一樣，能聰明地預見的人才能獲勝。
——巴克斯頓

俗話說：凡事預則立，不預則廢。在我們開始一切工作之前，要做的第一件事就是做一個有效而且合理的時間規劃。

許多女人常常會抱怨自己太累太忙了，既要工作，又要做家事；既要照顧孩子，還得照顧老人；洗衣做飯、工作賺錢，這件事還沒有做完，另一件事又接踵而來，女人們每天都忙得頭昏腦漲，好像這世界上的事情都堆到了自己的跟前。她們沒有時間化妝打扮，沒有時間關心自己，沒有時間也沒有心情去體會生活中的樂趣。

她們當真有那麼忙嗎？

為什麼我們也時常可以看到臉上掛滿幸福笑容的女人？為什麼我們也時常可以聽到散發著青春氣息的女人那銀鈴般的笑聲？她們就沒有這些生活瑣事嗎？當然不是了，生活瑣事也照樣困擾著她們，但她們過得卻很充實，只不過是她們更多了幾許從容罷了，她們不會抱怨生活的忙碌，更不會有頭昏腦脹的感覺，當然，她們也不會忘記了自我。

試問，那些忙忙碌碌的女人每天連喘氣的工夫都沒有，她們忙得有價值嗎？是高效率嗎？仔細觀察，讓她們忙得失去自己的無非也就是早晨起床做飯、送孩子讀書、上班下班等，而那些幸福的女人也在做同樣的事情啊，為什麼她們沒有如此忙碌的感覺呢？這是因為，幸福的女人懂得如何合理地利用時間。

30歲以後，女人每天都應該計畫好自己的時間。每天早上把自己一天要做的重要事情羅列出來，把那些不重要也不緊急甚至沒必要做的事情取消，然後按事情的重要性和時間順序一件件去做。也許有人會說，計畫趕不上變化，如果遇到計畫外的突發情況呢？這時，妳就要學會拒絕那些突如其來會打破自己計畫並且不重要的事情。比如說，突然有朋友約妳一塊兒逛街，如果妳沒有需要買的東西而又的確沒有閒暇，不妨推掉，總比一邊逛街一邊心中抱怨來的要好，這樣的結果是逛得不開心，事情也耽誤了。還有一種情況，看似緊急，實際上卻無關緊要，如打牌時的三缺一，這種情況妳完全沒有必要改變自己的計畫去趕赴戰場。

在做好計畫之後，我們還應該注意做事的效率，一個做事拖拖拉拉的人和一個做事效率高的人相比差距是很大的，所以，效率對我們的時間規劃來說是非常重要的。那麼，如何提高效率呢？統籌安排。如果幾件事一個一個來做當然是時間的累加，可是如果稍作統籌安排，統整起來做就會節省大量的時間，比如說蒸飯的同時切菜炒菜，洗衣服的時候聽英語節目等，生活中有許多這樣的例子，只要注意觀察和思考，就可以節約許多時間。

30歲以後，女人要想讓自己活得從容、活得幸福，不妨在一天的開始之時，做一個有效而合理的時間規劃，一切按計劃行事，妳一定可以從中體會到生活的快樂。

與高水準的人交往

沒有比無知的朋友更危險的了，還是有聰明的敵人為好。
——法國寓言詩人，拉封丹

在這個發展迅速的社會中，交際成了人們生活中必不可少的一部分。那麼，我們應該與什麼人交往，如何交往呢？筆者認為，女人30歲以後，要經常與水準高的人交往，這裡的高水準並不是我們所謂的金錢差異，「嫌貧愛富」，只是妳與什麼樣的人交往，也就決定了妳會成為什麼樣的人。俗話說：「物以類聚，人以群分。」和水準高的人交往，浸染在一個高情趣的氛圍中，可以陶冶妳的性情，從中受到感染，從而妳的生活情趣也會隨之高尚，品味自然而然地也會日益提高，可以讓妳受益匪淺。

和水準比妳高的人交往，可以潛移默化地改變你的人生觀與世界觀，改變妳的性格，提高妳的修養。這些內在素質的改變，必然重新校正妳社會交際的方位與分寸，使妳能夠更加有分寸地處事、交際和生活。相反，如果妳常和那些素質不高或者很低的人交往，不但自己難以得到提高，還有可能為此付出極大的代價。這就好像下棋一樣，和棋藝高的人下，自己的水準也會有長進，反之，如果一直和水準低的人下，那麼自己的棋藝不但得不到提高，還可能會退步。

春秋時期，一代霸主齊桓公本身並沒有什麼本事，可是他的宰相管仲卻足智多謀，有著過人的智慧，正是在他的幫助下，齊桓公成就了自己的霸業；可是，在齊桓公的晚年，他卻與易牙、豎刁、開方等奸佞小人非常親近，甚至還對他們委以重任，結果這些人合謀造反，把他囚禁在高牆深宮之內，最後落了個活活餓死的結局。

與水準高的人交往，固然不錯，可是如果妳的水準與人家相差懸殊，恐怕人家也會不屑與妳交往的。所以，30+女人，若想與水準高的人交往，就要想方設法全方位地提高自己。多讀書，增強妳的文學修養，常言說「腹有詩書氣自華」，妳的氣質高雅了，那些水準高的人自然也就願意與妳交往了。平時多注意培養自己的興趣愛好，涉獵廣泛一些，文學、藝術、體育、財經等都要瞭解一些，這樣在一起才有話題，否則人家說什麼妳都不知道，怎麼去插話？只有不斷地提高自己，妳才有可能和更多高水準的人交往，妳才有可能得到更大的進步。

在與這些高水準的人交往時，妳要謙虛、誠懇而熱情，妳要學會少說多聽，與人講話時，要注意時間、場合和對象，管好自己的舌頭，三思而後言。雖然坦率也是一種優點，可是衝動就不是什麼好特質了。

30歲以後，女人要儘量跟水準高的人交往，這樣妳的生活會更加精彩！

做一個真正為自己活的「三不女人」

黑夜給了我黑色的眼睛，我卻用它來尋找光明。

——中國詩人，顧城

女人年過三十，少了幾分豔麗，多了幾許嫵媚；少了幾分張揚，多了幾分內斂。30+女人，愛情與事業的成功不再依靠那嬌媚的容顏、溫順的性格和那事事爭先的衝動。30+女人，要想獲得成功靠的絕對是由裡到外的那種魅力——這是絕非二十幾歲的小丫頭所能比的。

有人曾經給成熟女性下了一個定義：深藏不露、飄忽不定、捉摸不透。認為這樣的女性才是最有吸引力的女人，於是也有人就認為，30歲以後，女人就要學會做好一個「三不女人」。誠然，這樣的女性確實能夠抓住男人那躁動的心，能夠吸引男人的注意力，能夠讓男人牽腸掛肚、魂牽夢繞。可是，30⁺女人，還要為了吸引男人而活嗎？還要為了去追求男人而委屈自己、改變自己嗎？不能否認，做這樣的「三不女人」，確實是可以在同性競爭中占得優勢，可這就是我們的追求嗎？

三十年的經歷，女人已經太累太苦，女人何曾為自己真正地活過一天。30歲以後，難道女人還要去為獲得男人的心而掩藏自己的真性情嗎？30歲以後，女人就應該挺起腰桿真正地為自己活一次，要做就做一個真正為自己活的「三不女人」，做一個頂天立地的「三不女人」！

那麼，這「三不」都是什麼呢？那就是不追星、不盲從、不比較。

30歲以後，女人不要再學那些少男少女「粉絲」們那麼瘋狂地追星了，妳眼角的皺紋告訴你，這些活動已經不適合妳了。作為成熟的女性，拿著CD擠在成百上千的少男少女中間，也許妳會興奮，也許妳也狂熱，可是在外人看來卻是那麼的不協調。30歲以後，女人不要再去做追星一族了。與其花時間去追星，還不如靜下心來規劃一下自己的將來。

30歲以後，女人在經歷了許多之後，各方面也都趨於成熟，應該有了自己完整的世界觀和價值觀，不再人云亦云，不再是那個父母面前的聽話寶寶，自然也不會是「嫁雞隨雞，嫁狗隨狗」、一切聽老公安排的好老婆了。無論做什麼事情都要經過深思熟慮，不盲從也不衝動，經過三十年歲月的磨礪，妳有冷靜而理智地做出自己判斷的能力，相信自己，你能行！

30歲以後，女人的心態漸趨平和，不要再事事與人比較。房子比別人小不住，薪資比別人低不做，兒子成績不如同事的孩子不高興……所有的一切都要拿來比一比，一旦比別人差心裡就不痛快，抑鬱在胸，沒準還真生出病來。30歲以後，女人要學會包容，一切順其自然，擁有的就是最好的，這裡不是說人應該甘於平庸，不求上進，只是在一些事情上沒必要事事與人爭，保持一顆平常心，可以讓我們活得更快樂，生活得更幸福。

30歲以後，女人就要做這樣的「三不女人」！不追星，因為我們足夠自信；不盲從，因為我們有主見；不比較，因為我們有更高的追求！

讓自己成為氣質美女

氣質之美與其說是來自內心的修養，不如說它是來自一種對美好事物的欣賞能力。這份欣賞力就使一個人的言談舉止不同流俗。

——香港女演員，羅蘭

妳是否聽過這樣一種說法，法國女人想要的一切，連上帝都不會拒絕，因為她們得天獨厚的氣質美讓上帝都嫉妒和感動。氣質對於女人來說，就好像陽光、空氣和水對於生命一樣重要。美麗可以與生俱來，氣質卻不是天生的，它是從骨子裡透露出來的美，它是靠後天修煉而成的結果。在現代先進的科學技術下，一個不美的女人可以通過整形手術改造成「美女」，可是到最後不過是一場虛偽而膚淺的夢罷了。而一個有著芝蘭般馥鬱芬芳的優雅女人，即使沒有出眾的容貌，依然會讓人折服。所以，30歲以後，已然失去青春的女人一定要修煉自己的氣質。

在日常生活中，我們經常可以看到這樣的女人，披金戴銀，名牌在身，卻無論怎麼看都覺得俗氣，這是因為，女人的氣質是需要內外兼修、形神兼具的，內在神氣充盈，外形自然可以魅力十足，外形修飾臻於完美也可以促進內在氣質的完善。一個女人如果缺乏內涵，她的審美能力、審美品味就不會高，穿著裝飾自然也就難以協調了。那麼，如何才能修煉出與眾不同的氣質呢？

女人的氣質是集外貌、舉止、品味、修養、情趣、內涵等於一身的外在表現，它顯於形而駐於心，不僅需要妳長期的精心雕琢和潛心修煉，還需要擁有深厚的文化底蘊，並且還會隨著年齡不斷地成長。

首先，一定要真實，不要一味地掩飾自己的不足之處，不要總是隱藏自己的真性情，這樣不僅讓人看起來很做作，長此以往，還會被視為冷漠無情。喜怒哀樂自然流露會讓人覺得妳很真實，要知道，只有真實的人才可以打動別人，才是最有魅力的人。

第二，一定要學會得體。追求美是女人永恆不變的主題，但是有些人卻因為求美心切，過分地打扮，正所謂過猶不及，不得體的打扮會讓人覺得很不舒服。誠然，女人的氣質是離不開打扮的，無論多麼豐富的內涵，多麼充實的底蘊，都必須以外型為依託。所以，女人應該懂得如何打扮自己，這是女人必須具備的基本素質。另外，在社交場合，必須注意儀表的端莊整潔，適當的修飾與打扮是應該的，切忌邋邋遢遢，不修邊幅。

第三，一定要學會溫柔。在女性的辭典裡，溫柔永遠是分量最重的詞語。無論多麼完美的女人，都需要以溫柔作為傳遞的媒介來展示她的氣質和魅力。遇事忍讓、對人和藹體貼、心胸開朗、豁然大度、溫柔的女性總是能潤物細無聲、淋漓盡致地展現自己的陰柔之美。

第四，一定要不斷地充實自己。常言說，書中自有顏如玉。這句話其實就是在告訴女人，經常保持讀書學習，就能從書中得到一副如玉的容顏，並且這種容顏不僅不會隨時光的流逝而老去，還會隨著年齡的增長而愈發擁有魅力。另外，時常聽一聽經典音樂，欣賞一下名畫，或者嘗試寫作，也很不錯。音樂可以讓妳接近靈魂，寫作讓妳豐富自我，繪畫可以提高妳的審美觀也可以提升自身的審美品味，讓妳的藝術氣質愈發顯得高貴典雅。

成為氣質美女，美麗從三十開始！

學會綻放妖嬈

女人，要對自己的人生負責。

——中國演員、模特兒，高圓圓

妖嬈嫵媚，風情萬種，一個女子天生就是一種妖，可以沁人心脾的妖。只不過隨著歲月的流逝，抑或是自我修煉的不到位，才使我們變得世俗起來。年過三十，作為女人，必須懂得如何綻放自己的妖嬈。30⁺女人，應該知道妖嬈是一種魅力，一種人生的魅力，一種可以讓自己更加美麗、更加具有吸引力的魅力。

上帝對女人是如此的眷戀，它賜予了女人美麗的容顏、如水的性格、百靈般的聲音、嬌柔的身材……每一個女子都會因此而感到驕傲，從而信心百倍，從裡到外透出的全是自信。可是，年過三十，許多女人失去了原有的美麗與魅力，於是惶恐起來，難道這真是歲月惹的禍？還是自身的修煉不夠？有人說，30歲以前，女人得到的是上蒼賦予的美麗；30歲以後，卻要靠自己來修煉魅力。毋庸置疑的是，淡淡的妖嬈恰恰是每一個女人必須擁有的氣質。因為妖嬈是個百轉千回的詞，「妖」意味著嬌媚，「嬈」則意味著纏綿。如果一個女人不知道如何綻放自己的美麗，那就如同一朵沒有開過的花，如何來體會做女人的精彩。

女人就是一朵花，30歲以前含苞未放還可以稱之為矜持，30歲以後，就一定要學會勇敢地綻放，讓綻放的花朵釋放出誘人的香氣，讓綻放出來的妖嬈打扮萬種風情，讓綻放出來的妖嬈襯托十足的女人味。也許有人會說，綻放妖嬈？那不成了妖精了？我才不要！可是妳可明白，女人如果缺少了女人味，那又將是何等的遺憾呀？同樣妳也該明白，妖嬈絕對不等於妖氣。

假如說天生麗質是上天賦予的，那麼女人味則需要自己來修煉，妳的容貌再漂亮，如果缺少了一種女人的味道，那就好似沒有靈魂的山峰，山勢再高，也難以聞名天下。同樣，一個女人也不一定非得擁有美麗的容顏，只要妳有一種味道，一種女人的味道，就可以綻放出那沁人心脾的魅力。

學會綻放妖嬈，並不是說需要修煉的僅僅是妳的外表。當然，服裝搭配的技巧、恰到好處的首飾裝飾、適宜的皮膚護理等都是必不可少的，視覺美觀畢竟是第一步嘛。不過，同樣妳也得明白，只修煉外表，不修煉內心，那也只不過是一具沒有靈魂的空皮囊。古人有言「腹有詩書氣自華」，一點沒錯，再嬌美的容顏也難以抵擋歲月的侵蝕，唯有氣質卻可以隨著時間的沉澱，逐漸地浸入骨髓，這就如同那陳年佳釀，只有經過歲月的發酵才會有沁人的香氣。女人年過三十，一定要愛讀書、愛聽歌、愛運動。讀書多了，會使我們變得睿智；愛聽歌，心中就會永遠年輕愛美；喜歡運動則能保持朝氣蓬勃。這樣，從裡到外都滲出那淡淡的女人味道，這樣的美麗又有誰能夠比得上。

30歲以後，就去做一個妖嬈的女人，服飾得體、舉止優雅、處世圓潤……妖嬈地綻放屬於女人的魅力吧！

活出自己的魅力

美麗使你引起別人的注意，睿智使你得到別人的賞識，而魅力卻使你難以被人忘懷。

——義大利女演員，索菲婭．羅蘭

青春易逝，紅顏易老，女人不可能永遠年輕漂亮，可是女人卻可以越來越美，這美麗就源於女人特有的魅力，30歲以後，女人就要活出魅力！

那麼，女人的魅力在哪裡呢？是文雅的談吐、優雅的舉止？還是典雅的妝容、高雅的情趣？是賢妻良母式的溫柔？還是輝煌成功的事業？其實這些無一不在彰顯著一個女人的魅力。隨著歲月的流逝，曾經青春的嬌顏慢慢流走了，沉澱下來的則是那淡淡飄香的女人味。這女人味就是女人的魅力所在，做女人，就要有女人的味道，尤其是30⁺女人。

女人的魅力靠的就是三分漂亮七分味。女人味讓女人嚮往，令男人陶醉。女人若是失去了屬於女人的味道，就會喪失女人應有的魅力。不管妳是政府要員、高級白領，還是普通的家庭主婦，都不應該缺少了女人應有的賢慧、溫柔。人稱「鐵娘子」的前英國首相柴契爾夫人，政治上真可算得上鐵手腕，巾幗不讓鬚眉，可是她有一句名言：「每當我在家裡，早飯總是我做，午飯也是我準備。」這外剛內柔不正是她的魅力所在嗎？

那麼，怎樣才能活出魅力呢？

生活是魅力最好的鑄造師，女人的魅力很大程度上都源於她所生活的環境。好的生活環境會造就一個女人良好的修養、高雅的品味、豐富的內涵、獨特的個性。如果沒有一個好的環境，這些是很難想像的。也許有的人會說，天哪，我沒有優越的環境，那我豈不是沒有希望了？無法活出魅力了嗎？請不要自卑，環境雖然造就了最大的女人味，不過如果能夠經過刻苦的修煉，照樣可以活出精彩，活出魅力。《佐羅》中的馬瑞塔原來只是一個盜賊，可以說是粗俗不堪，可是在老佐羅的調教下，「小佐羅」出入貴族場合又有哪點遜色？30歲以後，女人不要抱怨，不要哀歎，努力修煉吧，妳完全可以活出自己的魅力！

一個有魅力的女人一定是有知識有修養的女人，30+女人要堅持學習，多讀書，多聽音樂，增強自己的審美品味和知識修養，讓自己變得有內涵、有思想，腹有詩書氣華，內涵會改變一個人的容貌，學識與修養會讓一個女人越來越美麗。同時也要加強鍛煉，讓自己擁有一個健康的體魄和良好的身材，無論什麼時候都給人一種神采奕奕、精力充沛的感覺，這樣的女人味才更加吸引人。另外，還要注意自己的穿著打扮，什麼樣的場合穿什麼衣服，化什麼妝，一定要讓人看上去舒服、自然、清爽、優雅，這也有賴於你的審美能力。

一個有魅力的女人應該在充滿女人味的同時，還要活得自信自強，勇於拼搏。不要成為男人的附庸，妳不一定要擁有自己的事業，但是妳一定要擁有養活自己的能力。剛柔並濟，才會魅力四射。

30+，女人味正濃，還猶豫什麼？活出自己的魅力吧！

第五章

淡泊愛情，不再為情傷心欲絕

時刻謹記「男人是花心的，沒有不花心的男人」

好色是男人的原罪，未婚男人渴望豔遇，已婚男人追求外遇。

《紅樓夢》中，賈寶玉對林黛玉說：「任憑弱水三千，我只取一瓢飲。」寶玉對黛玉的一片真情都融化在這一句話中，這樣的癡情也的確令人感動。可是，妳相信這樣的說法嗎？三十以後，妳還會相信有誰會等待妳一輩子嗎？妳還會相信有人會放棄更優秀更漂亮的「一瓢」，而只為妳守候嗎？在這滾滾紅塵之中，兩顆心從相遇到相知，再到相戀，要禁受住多少磨煉，從最初的靈犀相通到最終的渾然一體，是需要在不斷的比較中前進的。就在這比較中，妳如何保證自己一定是他最合適的「一瓢」呢？三十以後，妳一定要記住，男人是花心的，沒有不花心的男人。

當然，妳也不必因此而對男人、對愛情、對婚姻喪失信心，正因為妳明白了這個道理，妳也可以完全地放開自己，妳也不必死抱一棵大樹，而令自己失去飛翔的自由！不是要妳「花心」，只是弱水三千，妳也可以尋找最適合自己的一瓢來飲呀，這才是真正聰明的女子。也正因為男人有「花心」這個特性，我們的社會才變得豐富多彩起來。

如果把女人和男人比作動物，那女人就像是家禽，留戀舊窩；而男人就猶如飛鳥，喜歡遷徙。這就好像對感情的態度，女人易念舊情，男人卻只貪新歡。女人不論長到多大，心裡永遠會有一段難忘的感情。而男人呢？過去的某段情、某個人對他們來說，一如自己走過的某段路、翻越的某座山，過去了，風景便不再是新鮮的、美麗的。他們永遠喜歡眼前的東西，喜歡不斷地征服新奇的事物，包括感情。所以，不論男人的年齡有多大，他們永遠喜歡年輕的女人。因此，女人千萬別指望男人會記妳一輩子，而且一生只愛妳一個。男人就如同一個喜新厭舊的小孩，舊愛儘管哭吧，只要懷裡抱著的新人在笑，對男人們來說就夠了。歷來只聞新人笑，哪管舊人哭斷腸！

落花最怕水無情，女子最怕太用情。中華女人歷來傳統，只要結了婚，不到萬不得已是斷然不會離婚的，從一而終的思想根深蒂固。可偏偏時代變了，男人們天生的花心使得他們飽暖思淫欲，從二奶到三奶，從暗地勾結到明目張膽，哪裡管家中妻子哭斷柔腸。所以，30歲以後，女人要明白，婚姻不是妳最終的路，它只是一場不知終點的旅途，走到哪裡下車，誰也說不準，而妳唯一能做的便是隨時做好下車的準備，萬一遇上車子拋錨，也不至於太死逼自己。自古「癡心女子負心漢」，妳不必感慨這世上的男人沒一個好東西，只是在享受甜蜜之時，妳更要懂得苦澀的味道。有苦才有甜，有準備才能不受傷害。

30歲以後，永遠記住沒有不花心的男人，做個睿智的女人，永遠不吃虧！

愛情也需要一種淡定的心境

夫君子之行，靜以修身，儉以養德，非淡泊無以明志，非寧靜無以致遠。
——三國時期蜀漢政治家、軍事家，諸葛亮

有的人愛得轟轟烈烈，有的人愛得平平淡淡；有的人愛得曇花一現，有的人愛得天長地久。這愛情到底應該是什麼樣呢？不知不覺中，走過了30歲，女人又該如何看待愛情呢？

這世間的愛情，哪能像言情小說中描寫的美好？花好月圓、金玉相逢、燦然一笑就是一生的守候，生活中沒有這樣的愛情。著名影星張曼玉一生愛了多少次？每一次都是轟轟烈烈，每一次都是波瀾壯闊，可是每一次又都是飛蛾撲火，在一次次的慘澹落幕後，她是否還有勇氣再去嘗試？好在張曼玉足夠智慧，她明白愛情不過是人生里程中的一段，能夠相守一時已經足夠，相伴一生那就是奢求了，在與丈夫離婚後，兩人成為好友，前夫又幫她踏上了最佳女演員之路，這何嘗不是一種幸福？

愛情沒有妳想像的那麼浪漫，白馬王子也只是童話中的美麗，30歲以後，女人就要淡泊愛情，不要沉溺於愛情的海洋中不能自拔，否則妳就會如那失了水的玫瑰。玫瑰雖美，沒有了水分也只能枯萎。愛沒有了，心也會隨著慢慢老去。

經歷了歲月的磨礪，不再是做夢的年齡，那風花雪月也只屬於20歲的小女孩，年過三十的妳應該能夠體會到「非淡泊無以明志，惟寧靜才能致遠」的深意，不要試圖去追逐那激情燃燒的愛情，不要妄圖追求完美的人生，那樣妳會失去很多真實而可貴的心情，當妳驀然回首之時，才發現，那曾經的追求不過是海市蜃樓一樣的夢境，虛無縹緲。

少年時妳可以為愛癡狂，年過三十，一切都該歸於淡泊了。如同人會老一樣，愛情也是會老的，日日廝守會讓愛情也疲勞起來。仔細想想，我們的愛情生活中有多少浪漫，有多少激情？最多的還是平平淡淡的相處啊。

30歲以後，女人要學會淡泊，愛情沒有想像中那麼昏天黑地，不要去相信什麼80歲的老人為愛發瘋，70歲的老太以身殉情，那些太過縹緲，也太不真實。真正為了愛情發瘋、去死的又有幾個？

或許有人會認為這種想法太過世俗，也太過悲觀。可是，妳可曾想過，妳的生命中除了愛情，還有更多更珍貴的東西啊，比如親情、友情，難道妳沒有發現，更多的時候我們會被親情和友情所感動，看著那些愛情故事，動情處雖然也會淚流滿面，真正讓妳去面對時，妳又有幾分勇氣？

30歲以後，女人不要對愛情太過癡迷，不要把所有的希望都寄託在愛情身上，打開心窗，擁抱生活，妳會發現，淡泊中妳擁有了最美的自己，淡泊中妳擁有了真實的愛情，淡泊中妳活出了精彩的人生。

千萬不要放縱自己的身體

放縱自己的欲望是最大的禍害，談論別人的隱私是最大的罪惡，不知自己失是最大的病痛。

——古希臘哲學家，亞里斯多德

在封建社會，貞操是置於女人頭頂的一把利劍，牢牢地束縛著女人的自由，「餓死事小，失節事大」，女人未嫁，如果未婚夫死了，就得守一輩子寡，然後被傳頌為貞節烈女；如果女人不幸婚前失貞，那麼不僅會遭人唾棄，甚至還會受到殘酷的懲罰。現代社會人們的思想逐漸開放了，「一失足成千古恨」的舊觀念也成為過去式了，女人們對貞操的看法也越來越解放了。可是，30+女人，千萬不能過度地放縱自己的身體和感情。

30歲以後，假如妳愛上一個人，妳可以全心全意地對待他，可以為他做任何事情，但是有一件事，絕對不可以！如果他沒有打算和妳結婚，那絕對不可以和他上床，即使處於熱戀中也不可以迷失自己。有多少男人在上床之後一走了之，哪裡會管哭泣中的女人？他不過是為了身體上的快感，而傻傻的女人還自以為是在為愛情奉獻。更可悲的是，那個不負責的男人並不會因此而感動，反而會看不起妳，特別是那些一開始就抱著要與妳上床為目的的男人。

什麼樣的男女最容易分手？就是那些有過早性關係的伴侶。為什麼我們常說要有距離感和神秘感呢？因為兩個人在一起，很快就會把自己的隱私暴露無遺。作為女人，只有自愛、自重、自立，才能受到另一半的尊重。30歲以後，妳的身體已經無法去承受青春期的浪漫，這個年齡再上錯床，那簡直就不可以原諒了。如果妳再不小心懷上了對方的孩子，那就是感情和身體的雙重傷害了，也只能打掉牙齒往肚子裡吞了，千萬不要以為妳腹中的孩子可以挽留即將失去的感情。

30歲以後，假如妳遭遇了失戀或者婚變，妳可以悲傷一時但是不可以沉淪一生，妳可以發洩情緒但是不可以放縱身體，不要覺得失去了他，妳就失去了一切。很多30+女人在遭遇到愛情或婚姻的背叛後，要嘛對愛情徹底失望，從此孤獨地度過一生；要嘛自暴自棄，出沒於夜店裡，縱情於燈紅酒綠之中，試圖麻醉自己的神經，從而徹底淪為精神上的乞丐。殊不知，這是對自己最大的糟蹋，那狂躁的音樂會讓妳迷失前行的方向，那灼熱的酒精燒掉的是妳的尊嚴。

作為女人，尤其是30+女人，妳的驕傲在哪裡？妳的自尊在哪裡？我們可憐的青春只有那麼幾年，禁不起妳如此地折騰自己。唯有自愛，才會有愛，年過三十的妳已經在逐漸失去那驕人的容顏，難道妳還要失去自己的尊嚴嗎？一次挫折算不了什麼，擦乾淚，向前看，總有屬於妳的愛情在等待妳。如果妳覺得自己非得找一個發洩的地方，那妳不妨到孤兒院和養老院做做義工，那樣還能夠淨化妳的靈魂。

紅塵男女，真正經歷過愛情的人，沒有誰會永遠不被愛所傷害。30歲以後，作為女人，我們可以為愛迷醉，為愛掙扎，為愛穿越滄海桑田，為愛力求浴火重生，但絕對不能為愛而放縱自己。

不要再去幻想童話裡的邂逅

當我們相信童話的時候，我們不懂愛情；當我們終於明白了愛情，童話卻已成了一種遺落的心情。

——題記

30歲以後，瓊瑤小說看多了的女人，心情也難免會抱有點浪漫情懷，總是渴望會有感天動地的愛情奇蹟出現在自己身上。女人嘛，總是喜歡做夢的。在夢中，每一個女人都有屬於自己的美麗愛情，自己就是那白雪公主，那漂亮的王子騎著白馬而來，輕聲喚自己寶貝，女人們在心靈的深處編織了一個又一個童話，幻想著手牽手浪漫相攜的永恆。那份愛真誠而又純潔，雖然歷經磨難都不會放棄。

即使年過三十，女人們還是渴望有一份傾情的愛：那種全身心投入的愛，那種不由自主就思念的愛，那種一個微笑、一句話語就能帶給妳激情的愛。然而，一見鍾情也只會在小說中出現，不期而遇的邂逅也只有在童話中才可能出現，現實中轟轟烈烈的愛情又有幾許是真？

30歲以後，女人真的不要再去幻想童話中的邂逅，一朝邂逅成姻緣那只是愛做夢的女孩的專利，現實中沒有想像的那般美好和富有激情，生活中的愛情就是鍋碗瓢盆的磕磕碰碰、油鹽醬醋的五味人生。三十年的經歷，足以讓妳明白現實永遠是一雙扼住愛情喉嚨的手。是的，我們喜歡美麗的愛情，可是我們更需要幸福的生活，而幸福，就源於現實。當妳饑寒交迫時，妳是選擇調情的玫瑰，還是選擇果腹的麵包？這就是現實。時代在進步，思想也在進步，如果妳一直生活在童話之中，那麼幸福只能離妳越來越遠。

有的人也許會說，如果我是「灰姑娘」呢？我本來就沒有麵包，我就期望能遇上拯救我的王子，得到一份完美的愛情，從此可以衣食無憂。但姑且不論妳等待一生是否能夠遇得到這童話般的愛情，就算是遇到了，那就一定是不離不棄嗎？要知道，愛情永遠戰勝不了現實。

有一個公司的女職員，已經34歲了，未婚。在一次公司內部的酒會上，和總裁的公子偶遇，無所謂誰先動情，只是互相對望一眼，就彷彿已識千年。整個酒會，她猶如失了魂一般，眼前閃現的都是他的英俊爽朗的樣貌，那神態竟然猶如20歲的小女生。每隔幾分鐘就會情不自禁地瞅對方幾眼。在眼神跟眼神相撞時，甜蜜自然地從心中淌過。酒會結束，很自然地，他送她回家。在她租住的公寓裡，她獻出了自己的一切。此後，他們就如熱戀中的男女一樣。可是，當她提出結婚時，他卻告訴她，自己已經結婚三年，並且有了一個兒子。他甩下淚流滿面的她走了。

落花有意，流水無情，並不是所有的灰姑娘都能遇到專情的王子。有些感情，註定只能觀望，不能開始，就像花兒只有在合適的陽光、土壤中才能綻放一樣。不要相信童話中的愛情，那些是寫給情竇初開的小女孩的，30歲以後，妳就該找一份踏踏實實的愛情，找一個真正愛妳、妳也愛他的人，過實實在在的生活。

當愛情已經結束，就讓它優雅地走吧

那個不懂得挽留你的人不值得你挽留。

在一個面對面的談話節目中看過這樣一個場景：一個女孩哭得很傷心，她說自己29歲了，正在準備結婚，可是不知道為什麼未婚夫突然消失了。早上還和她說「我愛你」，晚上就走了，只留下一張紙條：別找我，我不會再見妳。女孩不相信這個事實，發瘋似的尋找男孩，但是真的杳無音信。電話、臉書、MSN一切都換了，好似從人間蒸發了一般。女孩實在接受不了這個現實，幾次想輕生，因為他們相戀了整整六年！節目中女孩失聲痛哭，她不明白他為什麼莫名其妙地消失了，她說自己真的不想活了，覺得生活已經完全失去了色彩。現場的觀眾也為之動容，深深地同情著眼前這位癡情的女孩子。

曾經的一切是多麼美好，人去樓空自然讓人難以接受、痛苦萬分。可是愛情已經走了，妳還要留在那裡悲痛嗎？30歲以後，女人應該學會坦然面對感情上的創傷，不該再為情而傷心欲絕了。如果有一天他莫名其妙地消失了，妳千萬不要再去索問為什麼，原因只能是唯一的一個：他已經不再愛妳！

當他已經不再愛妳，妳就沒有理由再為他流淚，因為他不會給予妳任何關心和照顧，哪怕是一點點同情；當他已經不再愛妳，不要為自己曾經的付出而傷心，對一個不愛自己的人付出本身就意味著不會有回報；當他已經不再愛妳，不妨優雅轉身，淡然一笑，前面的天空也許會更廣闊。

人生很多時候都需要放棄，放棄也並不可怕，誰敢說妳放棄的時候，不是在重新獲得呢？曾經有人這樣說過，明白的人懂得放棄，真情的人懂得犧牲，幸福的人懂得超脫。對不愛自己的人，最需要的就是放棄。30歲以後，女人不應該再為他的背叛而傷心，因為妳不過失去了一個不愛妳的人，但妳還擁有整片天空。

妳還可以重新生活，重新去愛與被愛。人生之路，鮮花遍野，總有屬於妳的那一朵。

永遠不要為情而傷心欲絕，因為愛與被愛都是讓人幸福的事情，即使現在失去了，可是曾經擁有的也是妳一生中最美好的回憶，又有什麼值得傷心的呢？愛並不一定要長相廝守。多年以後，偶爾回想起曾經的愛情，妳應該會開心地笑起來，因為那些都是美好的記憶。好好收藏這些有關愛的記憶吧，對待那些不愉快的事情，就要像丟垃圾股一樣，絕不手軟。該忘記的，該放棄的，就讓它隨著歲月的流逝永遠消失吧。

當愛情已經結束，就讓它優雅地走吧！年過三十的女人，千萬不要為之困惑傷心，妳要活得更加開心，把最美的微笑留給傷害妳的人和愛妳的人，妳要明白，對於前者，笑總要比哭美麗；對於後者，妳笑著就是他最大的幸福。

永遠不要對比自己小很多的男孩動真情

男怕入錯行，女怕嫁錯郎。

30歲以後，作為女人應該參透愛情潛規則，在這個世界上，有些愛一開始便已埋下了失敗的伏筆，比如說年齡懸殊的姐弟戀。所以女人，尤其是30+女人，永遠不要忽視年齡的差異，永遠不要對比自己小很多的男孩動真情，這樣妳才可以少走一些情場上的彎路，多一些快樂的青春。

雖然說愛情不受年齡、地域等任何東西的限制，可是如果一個女人選擇了比自己小很多的男人，那實在算不上什麼明智之舉。曾經發生過這樣一件事，某科技大學曾經的校花，愛上一個足以當她孩子的大男生，於是中年的她拋夫棄子離婚，並全身心準備再次步入婚姻殿堂。不料男生的父母知道消息後，立時雷厲風行地插手此事，迅速把兒子送去國外進修，而那男孩在家長的獨裁專制下連一絲反抗都不曾有，最後校花和男生以分手告終。數年後，男生又抱得美人歸，而校花呢？只不過在夜深人靜之時獨自品嘗那衝動的苦澀罷了。

即使你們可以衝破一切阻礙，成功地走在一起，你可曾想過，年過三十的妳沒有大把的青春可以揮霍，眼角的皺紋會提醒妳，你們之間的差異，也許最初這種差異不太明顯，但不代表不存在；而站在身旁的他，也在無時無刻地提醒妳，妳的青春無多，妳比他老，妳充當的不僅是戀人、是妻子，妳還要像一個母親一樣去疼愛他、照顧他，這樣的日子妳快樂嗎？

女人，生來就應該是被寵愛的，而一個小妳幾歲甚至十幾歲的男孩能給妳寵愛嗎？比妳小的男人，只會考慮自己的感受，「討好妳」這個詞在他的字典中是找不到的；比妳小的男人，不知道怎麼哄妳，不懂得如何照顧妳，更不要妄想他會體貼妳，反而妳要想應該怎麼去哄他、照顧他；一旦有什麼事情發生，妳不要妄想去他身上找依靠，他那單薄的肩膀根本經不起風雨，再苦再累妳也只能自己扛著。愛上比妳小很多的男人，只有一個字，那就是累，無論什麼事情想得最多的是妳，操心的是妳，擔心的是妳，辛苦的是妳，到最後受傷的還是妳。浪漫對妳而言只是一個美夢，幻想一下就算了。

雖然說身高不是距離，年齡不是問題，可是事實卻是殘酷的。一位女士嫁給了一個比她小十一歲的男人，最初他們的感情可謂是如膠似漆，大家也覺得很般配。她呢？就像姐姐一樣照顧著老公，風裡來、雨裡去，做小生意賺錢養家，男人則在家裡吃喝玩樂打電動，什麼正事都不做。十年後，他們分手了，那位女士說：「有代溝，我太累了。恨不得連他們家遠房親戚都得要我照顧著……」在這一段感情中，兩個人都受傷了，但是女人受傷更多一點，她賠上的是一生中最美好的青春啊！

30歲以後，千萬不要對小自己很多的男人動真情，否則妳就得做好心會受傷、愛會落空的準備，還得有足夠的信心、耐心、恆心來感化他，最後是否能夠修成正果，那就要看妳的道行如何了。

學會放棄混亂的感情

放棄該放棄的，便會得到該得到的。

——題記

記不清是哪一位感情專家這樣來比喻人們的感情生活了，他說：「感情就像做菜一樣，因為烹飪者的不同，菜的味道也會不同。吃到嘴裡的菜一定比看到的少，好吃的也不會天天能吃到。常吃的菜餚最可靠，如果隨便亂吃，自己的肚子一定會受不了。」這幾句話雖然有點像打油詩，可是仔細想來，人的感情的確與菜餚有許多相似之處。在我們追求菜餚的美味可口時，始終都要圍繞「健康」兩個字。因為一旦脫離開這兩個字，人的身體就會受到傷害。這一點，難道和感情不是同樣的道理？假如女人不珍惜婚姻以內的感情，而隨便開始一段新的感情，那麼受傷的絕不僅僅是身體。

女人，是天生的感性動物。所以，婚後的女人由於不滿足柴米油鹽的家庭生活，很容易被情人一個熱情的擁抱所俘獲，在情感中迷失自己，找不到方向，因為她們對待感情的態度都是全身心的投入，無論是愛情還是婚外情。

人，尤其是女人一旦陷入婚姻之外的混亂感情，就不容易抽身而退。婚外情就是一個泥潭，使人迷失，使人越陷越深，最終成為婚姻的殺手，為自己招來不堪想像的後果。聰明的已婚女人不要幻想其他男人比老公更懂你，更對妳好。當妳真的想嫁給他時，他可能會被妳嚇跑。即使他與妳邁向婚姻，妳的生活也只會開始新一輪的平淡。

現代社會中的速食愛情，來得快，去得也快，不值得細嚼慢嚥去體會。這樣的愛情非常廉價，因為它只需要對方表達出一句虛偽的承諾。女人千萬要保持頭腦清醒，不要過高估自己的理智，絕不可以讓自己陷於混亂的感情之中。婚姻之外的感情，也許妳可以享受到一些浪漫和刺激，可是女人最容易受到傷害。這何嘗不像燃放的美麗煙火呢？煙火在空中綻放的確絢麗奪目，可是假如我們稍微不注意，就會被燒到。所以這種感情，女人根本玩不起。

那麼女人該如何避免這種感情的出現呢？假如女人真的不幸陷於其中，又該如何擺脫呢？

其實女人產生混亂感情的原因之一是寂寞，寂寞總是在人很無聊的時候如潮水猛獸般襲來。所以女人要設法使自己擺脫寂寞，最重要的一點就是使自己忙起來，使自己沒有胡思亂想的機會。除去家事勞動之外，妳可以發展一下自己的興趣愛好。不妨多參加一些活動，放鬆自己的心情，或者與閨中密友多多聯繫，總有一天妳會發現，外面的世界其實很精彩。

家是自己最溫暖的港灣，也是人生的加油站。當你在外忙碌一天回到家中，輕鬆愉快的家庭氛圍是妳最珍貴的財富。有了這筆珍貴的財富，妳還怎麼會去發展婚外情呢？所以，多關心家裡每一位成員，想辦法營造和諧的家庭氛圍吧。想想妳是不是該給父母和兄弟姊妹打電話，關心一下他們了；是不是該給任勞任怨的丈夫一個親密的擁抱了；孩子的課業成績怎麼樣，是不是該耐心輔導孩子了。

不要猶豫了，努力從這一刻做起吧。儘量使自己的家庭生活不再平淡無味，認真體會家庭帶給妳的溫暖，不要讓家庭的天空因妳而黯然失色。

如果想放棄這段本不該有的感情，那就要下定決心來個徹底了斷。要儘量控制自己的行為，減少與對方見面的機會，儘量不與對方聯繫。即使由於工作需要，必須與對方見面，也要選擇一個公共場所作為見面場合，儘量避免單獨見面所帶來的尷尬。隨著時間的推移，相信妳會慢慢走出感情的漩渦，不再忍受它的困擾。

婚姻遭遇背叛，要學會瀟灑地轉身

會過去的，就會過去的，我們的痛苦，我們的悲傷，我們的負罪。

三十歲，對於女人來說是一個很尷尬的年齡，她既沒有四五十歲女人的風韻，又缺少了二十歲少女的青春，對於已婚女子來說，這個時候缺少了對老公的吸引力，婚變也異常多起來。當婚姻遭遇背叛時，我們該怎麼辦呢？

在這裡奉勸女人，切記不要用「一哭，二鬧，三上吊」這種老掉牙的手法，更不要試圖用眼淚留住老公。這樣做，只會讓男人感覺到妳的無助與無能，根本無法讓男人回心轉意。女人一定要學會瀟灑地轉身，男人絕不是妳生命中的唯一！妳要清楚地明白這段愛是否還值得妳去留守。如果是，妳就要透過改變自己、重新綻放異樣的魅力來吸引老公的眼睛；否則，就坦然面對背叛，瀟灑地對負心郎說一聲「再見」。簡言之，被辜負的女人，就如同放風箏一樣，一定要懂得如何掌控好手裡的線，收還是放，必須在妳的掌握之中。

女人一定要智慧地處理生活中的不幸，傷心失望、悲痛欲絕，從此陷入無盡的哀傷之中固然不可取；可是，就此陷入仇恨的深淵，從此人性扭曲，甚至於這悲哀和仇恨還會一代代延續，又何嘗能夠得到快樂！韓劇《妻子的誘惑》中女主角的瘋狂報復又何嘗不是一場新的悲劇。

人過三十，青春年華不再，可是我們多了對這個世界的認識，多了對人生的見解，所以我們擁有了對社會說「不」的權利。

不要試圖去改變對方的態度，我們能夠改變的只有我們自己，30+女人，應該重新發現我們的魅力，發掘我們新的魅力，我們不是《玩偶之家》中的花瓶娜拉，我們也不是供男人玩弄的工具，我們有個性，亦有尊嚴。女人永遠不要把自己的命運寄託在男人身上，與其委曲求全於負心郎，還不如給自己的人生加些色調，或者我們可以在這個時候重新展開我們的事業，我們可以再一次發現我們的潛力所在，或許我們就是潛力股。

轉身之後，或許我們會發現柳暗花明又一村，或許我們可以碰到真正可以相守一生的另一半。

要有當獨行女俠的勇氣

無論哪個舞臺，獨舞的總是那個最出色的。

人類是群居動物，從離開樹梢選擇步行開始，或者更早以前，就已經習慣了有伴的日子。

隨著生產力的發展，人們衣食住行的需要得到了極大的滿足，不再需要群起而作才能生存下來。然而，心理的依賴，讓我們仍然希望有人陪伴，有人依賴。

但生活本就是瞬息萬變的，沒有誰註定能伴妳一生，尤其是女人，當情緒的風雨來襲、沒有人能陪伴妳左右時，獨處便是我們必須學習的課程。

即使有了伴，女人也會有感到更孤單的時候。是的，如果不是適合自己的人，不是心靈相契的人，不是把對方看得比自己更重要的人，那麼即使他陪伴在妳身邊，也只能感覺更孤單。這時候，倒不如試著獨自生活，享受心靈自由飛翔的快感。

人生如夢，每個人都在期待一個能彼此瞭解、互相攙扶的人，能「執子之手，與子偕老」，但不是每個人都有足夠的幸運，因為，對的時間、對的地點和那個對的人，不一定能早早遇到。有些人，選擇屈從，反正該嫁了，索性就找個人嫁了算了。妳不見得多喜歡對方，但只為不想讓單身顯得那麼特殊，不想讓待嫁者名號那麼讓家人操心，所以妳抱著息事寧人的心態，草草結束單身。也許，妳賭對了，可以幸福；但如果在相處中逐漸發現差距，甚至有不能彌補的裂縫，情何以堪？

超然獨行的女人總是讓人很佩服，她們自由、獨立，敢於在人海中我行我素。她們敢於在同學聚會時，笑得最大聲；也能在參加別人婚禮時，坦然接受探詢的目光；她們能在父母擔憂的時候，俏皮地化解他們的憂慮；更有能力在週末偶爾奢侈的大餐後，為自己買單。

其實，女人當獨行俠，往往並非自願，但能夠坦然，的確是種勇氣。首先，她們獨立，有能力養活自己，才能不把命運寄予在他人身上；其次，她們率性，不會為生活瑣事自怨自艾、時時期待避風港。這樣的女人，無論在哪裡，無論外表是否光鮮亮麗，她們始終會是卓然灑脫、讓人忍不住欽佩的。如果遇到那個靈魂的伴侶，她們也必會好好把握，用心珍惜。

她們獨行，只是期待，如果幸運地在某個轉身的一剎那與心上人不期而遇時，可以坦然面對，毫不做作地接受和付出。她們獨行，只是要保有完整的自己。「如果讓我遇見你，在我最美麗的時候」，是的，她們只是要努力保有完整的、最美的自己。

30歲以後，做獨行的女人，需要極大的勇氣。因為人們過分熱切和挑剔的目光，總能將妳的勇氣一點點剝奪。但請告訴自己，「我獨行，只是寧缺毋濫」，只是要找到最合適的伴侶，相依相伴，攜手人生。只是相信，獨行可以讓自己在遇到另一半時，仍然是最最完整的自己。

愛，其實需要等待

保持內心的寧靜，不隨外界事物的變遷而喜怒哀樂，靜靜地等待，很多事都可以迎刃而解。

人生就如同一片嫩葉，只有在靜靜地等待中吸收了陽光、雨露，才能變得翠綠耀眼。等待就是一種默默地守候，30歲以後，女人不能再像年輕時那樣瘋狂地追逐愛情，30歲以後的女人要學會慢慢地等待，要知道，有時候追趕得越急，失去的反而會越多，相信默默地等待妳的收穫會更豐富。

30歲以後，女人要學會等待。經歷了三十年的風風雨雨，我們發現愛情在追趕中枯萎凋零，太多的失敗，太多的坎坷，讓年過三十的女人們慢慢明白，所有的失敗都源於那顆好勝躁動的心，源於那難以填滿的欲望。妳不妨慢慢地靜下來，坐在陽臺上，沏一杯清茶，讓妳浮躁的心歸於寧靜，用心去體會滿足和幸福，看著夕陽西下，去等待那傍晚的輝煌，當那絢爛一刻出現時，妳會發現，等待是如此美麗。

30歲以後，女人一定要學會等待，遇事不要急躁，把浮躁和妄動收斂起來，把力量凝聚於內，在等待中妳會發現，一直期待的愛情會慢慢開花結果。妳要明白，等待並不是懦弱的表現，等待就是一種希望，它就好像那萌芽中的種子，在等待中積蓄力量，終有一天可以枝繁葉茂。在生活中，遇到不如意或者暫時的失利，不要急切地去追求成果，給自己一個緩衝的時間，積極備戰，在等待中涵養銳氣，在等待中尋覓機會，靜待而後發制人。

30歲以後，女人要學會等待。這裡說的等待並不是讓妳毫無鬥志、守株待兔，如果那樣的話也不過是徒增笑料罷了。那樣的等待充其量不過是對生命的浪費與褻瀆，沒有絲毫意義。等待要有度，不可太久，不可太急，太久會讓人變得頹廢，太急反而會使內心焦躁不安。

年過三十的女人，如果不會等待，那她就不會生活，不會等待就將會一無所獲，等待就是女人必須學會的一種生存的技能。妳看那鬥雪的寒梅，嚴冬中只有它獨立枝頭，那是在等待春天的來臨；妳看那河底的頑石，靜靜地躺在水底，那是在等待稜角變得圓潤光滑；妳看那些創業者，日夜操勞，那是在等待事業的成功……這才是真正的等待，這才是積極的等待！俗話說：一張一弛，文武之道。等待就是「弛」，可是最終的目的仍然是「張」，「弛」是為了更好的「張」。30歲以後，女人就要學會這樣的等待。

30歲以後，女人要耐得住寂寞，守得住信念，學會用等待趕走陰霾，學會用等待迎接挑戰，學會用等待俘獲愛情，學會用等待走向成功。

第六章

立足職場，讓自己綻放光彩

成為光芒四射的派對女王

妳希望別人如何對你，妳就如何去對待別人。
——化妝品品牌 MARY KAY 創始人，MARY KAY

有一個測驗題目：一個落水昏迷的女人被救起，當她醒來發現自己一絲不掛時，第一個反應會是遮哪裡？答案是：尖叫一聲，然後用雙手捂住自己的眼睛。從心理學上來說，這是一個典型的不願面對自己的例子。

30歲以後，女人往往經歷過了感情、事業等各方面的打擊，她深刻地認識到了自身的「缺陷」，於是變得越來越不願面對自己，在這樣的心理下，很多人會懼怕社交。在參加任何社交聚會之前，她們都會感到極度的焦慮。當她們真的和別人在一起的時候，她們會感到非常不自然，甚至說不出一句話。當聚會結束以後，她們會一遍一遍地在腦子裡重溫剛才的鏡頭，回顧自己是如何處理每一個細節的，自己應該怎麼做才正確。

現代女人不是「大門不出、二門不邁，整天圍著鍋臺轉」的傳統婦女了，社交無處不在。30歲以後，女人如果一遇到同學、朋友等的聚會，就躲得遠遠的，甚至在整個過程中沉默寡言，恨不得把頭埋到地下去，那妳的人生將是個悲劇。

如果將自己的生活固定在一個小圈子中，妳的煩惱，別人沒有辦法替妳承擔；妳獲得成功的喜悅，朋友也不能為妳高興和替妳分享。這時候的妳連個傾訴的人也沒有，是不是會顯得特別落寞？相反，如果生活中有人陪伴在左右，聽自己絮絮叨叨訴說生活中的煩惱和喜悅，會很好地釋放壓力，情緒高漲，做起事情來也會增大氣場，提高自信心。

這個社會是講究人氣的社會，沒有人可以像魯賓遜一樣單獨生活在孤島之上，赤手空拳打天下。30歲以後，女人關上自己走向別人的心門，也就關閉了獲得別人幫助、豐富人生的大門。

30歲以後，女人不應該是一臉羞澀、父母眼中的乖乖女形象，而應該是談笑風生、應對自如、光芒四射的Party女王。她們不把社交當成自己的負擔，相反，將同學、朋友聚會當成自己發展人際關係的橋樑，通過這個舞臺，打造高品質的人脈，接收各種各樣的新鮮資訊，將自己的美麗自信盡情展示出來。

為了自己，女人要立足職場

說到每天上班8小時這件事，其實是本世紀人類生活史上的最大發明，也是最長一齣集體悲喜劇。

你可以不上學，你可以不上網，你可以不上當，你就是不能不上班。

——漫畫家，朱德庸

女人一旦邁進30歲的門檻，生活狀態就會發生很多明顯的轉變。從前的自己青春亮麗，一夕之間，臉上有了皺紋，並且一天比一天多；從前的自己對生活充滿無限憧憬，但當一切都塵埃落地後，生活卻開始原地踏步；從前的自己總是自信滿滿，一夕之間，對自己越來越缺乏信心。她們不知道自己的生活將會怎麼樣，自己的工作又會走向何方。於是，她們每天的生活充斥的只有唉聲歎氣的抱怨。

對生活頗多抱怨的女人多半是離開了職場的女人，她們在婚後從公司辭職，甘心情願以丈夫為中心，為他人而活。殊不知，沒有了自我的生活，雖然看似悠閒，卻並不幸福。女人年到三十，應該立足職場。對已婚女人來說，立足職場證明自己不是丈夫的附庸品；而對未婚女人來說，立足職場證明自己有獨立的社會地位和獨立的生活。

女人只有立足職場，才能與社會保持緊密聯繫，不與社會脫節。這樣，即使生活很繁雜，女人依然能夠從中尋找到樂趣。女人只有立足職場，才能對未來有所追求，每天以一種積極的心態去克服「為賦新詞強說愁」的消極情緒，樂觀面對生活。雖然她們可能要付出更多的時間和精力，但至少女人再不會有多餘的精力來抱怨。

有的女人害怕進入職場，主要是害怕影響夫妻之間的感情。她們怕自己進入職場後，整天忙工作，會忽略對家人的照顧。關於這一點，女人完全可以不用擔心。女人進入職場非但不會影響夫妻之間的感情，相反還能拉近夫妻之間的距離。因為女人走進了職場，與丈夫的共同話題會越來越多，交流起來會更輕鬆。如果女人只會圍著廚房轉，那夫妻雙方交流的話題也就只能是生活上的瑣事。時間長了，不但男人會厭煩這種生活，恐怕連女人自己都會厭煩。

30+女人要想在職場立足，首先需要取得家人的支援。有的男人好面子，不喜歡自己的另一半比自己強，因此，他們排斥女人進入職場。碰到這樣的情況，女人千萬不要和丈夫大動干戈，那樣只會使情況變得更糟糕。女人需要耐心和丈夫交流溝通，說出自己的內心想法，表達自己進入職場的強烈願望，任何一個男人都會同意妳的想法的。

女人通過在職場上為自己重新定位，可以增強自信心，重新找到生活的美好，發現生活的幸福，所以，女人不要放棄職場！

工作中的女人是美麗的女人

我只有一個忠告給你——做你自己的主人。

——法國政治家，軍事家，拿破崙

對於一個女人來說，有一個幸福的家庭、疼愛自己的老公、聰明懂事的孩子，應該是非常幸福的，所以，女人一旦結了婚，便容易為愛情、為家庭犧牲自己曾經的追求和理想，似乎老公、孩子才是她們奮鬥的目標，相夫教子、包攬全部家庭瑣事都是她們分內的事情。殊不知女人只有獨立才能更加自信，才能更有魅力，整天圍著廚房、孩子轉圈，完全依附於男人的女人，是無法拴住男人的心的。

30+女人，無論妳的老公多麼有本事，無論妳是否缺錢花，妳都應該找一份工作。許多男人都會要求老婆在家照顧孩子、自己的父母甚至其他人，做全職太太，信誓旦旦地保證自己可以讓她過得很幸福。姑且不論他是否有這個能力，即使他有這個能力，當妳伸手要錢的時候是否會感覺心情不佳？當妳看到老公那驕傲或者不耐煩的眼神，妳是否會覺得受傷？這些姑且不說，如果當妳全身心投入家庭，但老公卻背叛了妳，那麼妳有獨立生活的能力嗎？妳能夠承擔起全部的重擔嗎？要知道，男人和女人在感情支配上永遠都難以平等，只有經濟平等了，人格才能獲得相對的平等。

30⁺女人只有擁有一份正常的工作才能保持健康的心態。這一份工作不僅是為保障自己和自己家庭的生活安定、衣食住行無異於他人，更重要的是它體現了自己的人生價值與智慧能力。另外，當老公負不起責任或者發生意外時，妳依然可以擔起全部的重擔。

社會是最富有魅力的場所，在工作中，女人能夠獲得一種歸屬感，這歸屬感和家庭的歸屬感不同，在這裡，妳可以享受到愛情、家庭、婚姻之外的幸福與辛酸，可以找到自己獨特的那份美麗。

也許有人會說，有一些女人就因為工作而失去了老公的寵愛和尊重，有些男人也不喜歡女人擁有比自己強的事業。我們不否認這種情況的存在，有許多女人的事業遠遠超過了自己的老公，讓老公覺得自尊心受損，沒有自信，可是這是女人的錯嗎？為什麼男人可以工作而女人就必須待在家裡？為什麼男人為了實現事業的巔峰可以拋妻棄子，女人就不能為了實現自我有一份工作？說到底，這不過是男人的虛榮心在作祟罷了。

我們一直在談提高女性的地位，女人只有有了自己的工作和經濟能力，才有身份來談地位、談生活品質、談實現自我價值，否則一切都是鏡中花、水中月，根本無從談起。30+女人無論處在何種環境，都不要做男人的陪襯品，一定要善待自己，做回自己，走出自己的一片天地。妳可以不像男人那樣把事業作為自己的生命，但最起碼要有理想、有追求，有一份可以養活自己的工作。在工作中，妳可以發展自己的個性，可以活得更加踏實，也才能夠更有魅力。

30+女人放棄工作，就猶如放棄生命之花綻放的權利，要知道，工作中的女人才是最美麗的女人。讓我們好好把握工作的權利，不要丟失了自我。

情況允許，考慮第二職業

有一點可以肯定，對於第二職業的瞭解程度，恐怕沒有人能超過蓋茲。從他的學位與從業經歷看，他一直就是從事著第二職業。

——股神巴菲特

生活中很多的女性朋友，閒聊時談起將來，一個個的眼睛便變得迷茫起來。將來？我們的將來會美好嗎？上班族能當一輩子嗎？在公家單位工作的，能一直待到退休嗎？即使這一切都可以，這樣的生活還要重覆幾十年啊！想一想都覺得可怕。女人到了30歲，工作還能進行多久？該認真想一想了。

30歲以後，如果妳現在擁有比較輕鬆的工作環境，不妨經營一下自己的第二職業。這樣，一來可以增加自己的收入，使自己的生活品質更加優秀，二來還可以在第二職業中學習，使自己的素養得到提高，增廣自己的見聞，放鬆自己那緊張的神經，讓自己的生活更加充實。

對於第二職業，社會上有各種各樣的評語，比如「吃著碗裡的、盯著鍋裡的，甚至還惦記著嗓子裡的」、「誰跟錢有仇呀」、「有的人就是欲壑難填」、「耽誤本業」等，然而，在我們的現實生活中，第二職業已經成為了發生在我們身邊的客觀現象，不管妳贊同也好，不屑也罷，抑或還有些人是酸葡萄心理在作祟，30歲以後，妳應該想一想關於自己的第二職業了。

現在有許多「白領」，上班時間，她們是律師、公司董事或經理，衣著光鮮亮麗，出入於高級辦公大樓，工作緊張，嚴肅正經；下班以後，她們除去套裝、甩掉高跟鞋，便換了另一張面孔：電視節目主持人、拉丁舞教練、慈善義工、自由撰稿人，等等。李晴，在公司擔任副總經理一職，在公司裡，她是人人尊敬的老闆，說話辦事雷厲風行，下班之後，搖身一變她就成了拉丁舞教練，不為賺錢，只為自己可以活得更加充實。

也許有的人會說，我不是白領，也沒有特長，怎麼從事第二職業？其實生活真的很精彩，只要妳認真去觀察，行行業業總會有適合你的，關鍵在於妳的內心在追求什麼，是精神層面的，還是物質層面的？只要妳聽懂了自己內心的呼喚，那麼美麗的第二職業就在前方向妳招手。

30+女人應該著手經營自己的第二職業，也許在這裡，妳會發現妳精彩的另一半人生。

聲音是女人的第一張名片

聲音是女人裸露的靈魂。

我們身邊不乏這樣的女人，她們的外表無可挑剔，容貌出眾，可是一張嘴，聲音沙啞難聽，像某些影視明星，不熟悉她們的人，對她們的聲音總是覺得很突兀。30⁺女人大都懂得更好地穿衣打扮，懂得社交場合的各種禮儀，卻往往忽視了聲音的修煉。

30⁺女人千萬不能單純地注重對外貌的修飾與保養，而忽視了聲音對自己的影響。心理學家分析，女人留給人的第一印象中，聲音佔據很大的比重，能夠高達

38%。因此，有人說聲音是女人的第一張名片，一點都不為過。有人對聲音這樣評價：聲音是女人隨身攜帶的天然樂器。如果女人在與異性交往時能夠很好地彈奏這種樂器，優美的旋律能夠深入異性內心，將其深深打動，那麼美好的事情自然會降臨到你的身上。

一份調查發現，男女相愛，多數源於聲音，聲音決定了愛的吸引與和諧。甜美的嗓音能夠影響周圍的人，能夠將自己的內心傳達給周圍的人。這一點，在與異性交流的時候表現得更明顯。女人與異性交流依賴最多的就是語言，所以，如果女人的聲音甜美溫柔，就會讓異性更加信任自己，使異性耐心聽自己訴說，並且願意為陷於困境中的妳提供幫助。如果女人的聲音嘶啞難聽，令人生厭，異性恐怕只能躲開了。

有著甜美嗓音的女人，不僅容易獲得異性的認同，更容易獲得異性的幫助。在各種慈善場合我們經常會看到林志玲的身影，這就源於她的聲音對男人的吸引力。她的招牌「娃娃音」，略帶些嬌嗔，亦真亦幻，有些飄有些軟，甜蜜得讓很多男人窒息，自然能讓男人對她所宣導的公益內容心甘情願地掏腰包。

聲音是穿越男人靈魂的旋律，30⁺女人應該充分認識到聲音的重要性。如果與異性交往的時候，聲音運用到位，可以改變現在的生活和命運，反之，如果不善於掌握聲音，還會徒增「絆腳石」。

做個有「心計」的女人，不花力氣讓自己獲得利益

「壞」女人有人愛。

——里．阿爾戈

近來，隨著電視劇《美人心計》和《後宮甄嬛傳》的火紅，人們不由得對「美人的心計」慨歎，歎古代後宮的傾軋鬥爭，歎天下竟有如此的美女，歎美女竟有如此的七竅玲瓏心，歎自己為何沒有如此的心計。心計這個東西，一說起來就好像是過街的老鼠，人人喊打，實際上誰不想擁有這個天賦呢？

看了電視劇，我們明白了沒有心計的女人就好比那提線木偶，只能任憑他人的安排和擺佈，哪怕妳是國色天香，也難逃厄運。即使是在當今社會，沒有了古

代皇宮的權謀傾軋，可現實生活中也到處充滿了競爭，聰明的妳，年過三十，如果還想要提升自己的魅力，就要耍耍「美人心計」，這樣才不至於被社會拋棄，才能夠永久地保持自身的優勢，輕輕鬆鬆獲得最大利益。當然，我們說的心計不是要妳去處心積慮地算計別人，更不是要妳玩陰謀詭計去害人，而是要妳懂得如何最大限度地保護自己、發展自己，從而獲得成功。

30+女人不要說不屑於使用心計，「四兩撥千斤」的道理妳不會不懂，能夠輕鬆獲得又何必去花蠻力？妳要明白，妳的這些心計不僅能夠彰顯妳的智慧，還可以幫助妳化解人際交往中的困難和尷尬，更能夠提升妳的整體形象，何樂而不為呢？做一個有心計的女人並不是看看《孫子兵法》、學學「三十六計」就可以了，它來自於妳在生活中的點滴思考、細膩感悟，以及身體力行。

學會示弱，做一個聰明女人。無論是在職場、人際交往，還是在家庭生活中，適度示弱的女人總能給人誠懇、可愛的感覺。著名女作家張愛玲就曾經說過：「善於低頭的女人，是厲害的女人。」示弱絕不是膽怯，也不是無原則地軟弱退讓，在高手如林的社會競爭中，示弱是一種聰明務實的做法，在一定限度內尋求妥協與合作，才能獲得更大的利益。30歲以後，聰明的女人一定要學會低下高傲的頭，這樣才能在職場上爭取到更廣闊的發展空間。

裝傻，做一個清醒的糊塗女人。裝傻是一種境界，貌似糊裡糊塗，實際上心底非常精明，在生活中，一個女人若是懂得在適當的時候裝裝「傻」，所體現出來的不只是寬廣的胸懷，大智若愚的智慧，更是一種成熟和精明。太過聰明的女人往往會給男人造成極大的壓力，男人們更願意找一個傻一點的老婆，這樣他們才會覺得輕鬆自由，有自尊些。所以，請收起妳的鋒芒，做個清醒的糊塗女人吧。

30+女人一定要明白自己想要的是什麼，更要明白如何花最少的力氣得到最大的收穫，為了不讓自己的後半生平庸辛苦，就從現在開始，學習做個有心計的女人吧！

口吐蓮花，贏得別人的喜愛

一個人怎麼說話，說什麼話，毫無例外地顯示著她（他）的品味。
——希爾頓

名女人陳文茜小姐的節目總是十分受到歡迎，嚴格說來，她不算是驚為天人的美女，可是聽過她講座的人都不由得為她的深刻內涵、為她那從裡到外透出的氣質美所折服，聽她講話簡直就是一種享受，滿腹經綸，出口成章，讓人百聽不厭。

的確，外貌出色的女人取得成功的機率是相對較高的，但是天生貌美如花的女人又有幾個？與美貌相比，良好的口才更是女人脫穎而出的資本！殊不見多少妙齡女子，不開口讓人覺得賞心悅目，一張嘴就是滿口粗話，讓人大倒胃口，這樣的女子如何讓人喜歡？毫無疑問，女人的形象固然重要，但同樣不可忽視的是自己的口才，會說話的女人才是最出色的，也才可以贏得別人的喜愛。

30⁺女人如果想成為社交高手，得到大家的喜愛，就一定要掌握說話這門藝術，在任何場合都能夠口吐蓮花、妙語如珠，這不僅是家庭幸福的法寶，還可以成為妳事業成功的利劍。

那麼，怎樣才能夠成為說話的高手，贏得眾人的喜愛呢？

作為女人，妳要明白誇誇其談絕對算不上好口才，嚴謹縝密的思維，幽默機智的應答，無一不源於妳廣博的知識，好的口才是建立在深厚的學識基礎之上的，如果脫離了這個根本，那麼言談就會成為無源之水，無本之木，淡而無味，怎能讓別人信服，得到大家的喜愛呢？女人要有內涵，這樣才能說出有水準、有見解、有說服力的話。杜甫有詩云：「讀書破萬卷，下筆如有神。」這裡講的是寫文章，其實說話也是同樣的道理，只有自己看得多了，知識面寬了，才能夠妙語連珠、傾倒眾人，博得滿堂彩。

廣泛的閱讀可以開闊視野，瞭解各方面的知識，肚子裡有墨水，說出來的話才有說服力，才能說出精彩絕倫的話，正所謂「腹有詩書氣自華」。有的人總是抱怨、哀歎自己天生沒有一副好口才，或者埋怨自己太膽小。其實，好口才並不是天生的，也不是說膽子足夠大就可以的，好的口才是要有足夠的底蘊作為基礎的。

30+女人一定要緊跟時尚，把握時代的脈搏，平常多看報紙、新聞，關注生活，加強生活積累。妳不能成為「一心只知穿與妝，兩耳不聞窗外事」的女人，否則一開口別人就會發現妳的膚淺。缺乏生活的積累，說話就會不著邊際。知識、閱歷、情感、生活等都能豐富一個女人的內涵。另外，說話還要有分寸，講禮節，不要學得伶牙俐齒、牙尖嘴利，沒有人會喜歡一個出言不遜的女人。

30+女人，如果妳沒有驕人的容顏，不要悲傷，妳完全可以通過不斷豐富自己的內涵，完善自己的口才，來為妳的美麗加分，為妳的魅力增彩！

做一個人見人愛的「微笑姐」

微笑的女人最迷人。

微笑可以傳遞情感，拉近人與人之間的距離；微笑還可以傳達出自己的善良以及對對方的友好態度。對年過三十的女人而言，微笑更是人際交往的潤滑劑，它能使交往的雙方保持放鬆的心態，是女人的社交通行證。古語有「回眸一笑百媚生」，女人的真摯、楚楚動人的微笑散發著無窮的魅力，能讓人感受到深切的芳香與溫馨。

臉上充滿微笑的女人是樂觀向上的，是以一種積極態度面對生活的人，這樣的女人是充滿魅力的；臉上充滿微笑的女人是充滿自信的，她和其他人交往的態度既不高傲也不自卑，這樣的女人是容易被別人所接受的；臉上充滿微笑的女人如果擔任一個服務職位，還可以使自己的服務對象產生一種賓至如歸的感覺，讓人感到愉快和自然。

當然，因為貧富、地位，以及所面臨環境的不同，30⁺女人對生活會有各種各樣的態度。比如，面對困難的時候愁眉苦臉，經歷挫折時怨天尤人……女人所處的各種環境能夠影響情緒，這是很自然的一件事情，但是如果總是一副撲克臉，情緒低落，這對改變所處逆境不但沒有幫助，相反，還會使自己的糟糕境遇更加惡化。可是，30⁺女人，如果微笑著去面對生活，面對周圍的人，她們的親和力就會大大增加，周圍的人就會非常願意和妳交往，成為妳的朋友，這樣的女人得到的機會就會比別人多。

年過三十的女人要讓自己的微笑來自於內心，使之成為真實感情的自然流露，這樣的微笑才不會做作。在中國廣州舉辦的第十六屆亞運會開幕式上，有一個人用自己甜美動人的微笑征服了中國觀眾，並獲得了一個好聽的名號「微笑姐」。她的甜美笑容也成為開幕式上一道閃耀的光芒，並迅速被傳播到世界各個地方。幾乎所有的人都記住了這張綻放著笑容的臉，甚至還有的人用「東方美的代表」來讚美她。

微笑不僅是對他人的尊重，也是對生活的尊重。妳對別人的態度決定著別人對妳的態度，所以妳對別人的微笑多一些，別人對妳的微笑也會多一些。綻放笑容的30+女人不僅美麗，而且可以輕鬆改變自己所面臨的困境，從而化險為夷。

微笑的力量很強大，它會震撼對方的心靈，它能顯示出豁達的氣度，使對方覺得自己非常渺小而醜陋。微笑表現在面對強者不奉承，面對弱者不愚弄。只有內心充滿自信陽光的人，才能感受到生活的美好。因為生活就是能夠反映我們內心活動的一面鏡子，當我們微笑時，生活就會朝我們微笑；而當我們難過痛苦時，生活也會難過不堪。

30+女人一旦與周圍的人發生衝突，不要和對方爭得面紅耳赤，那些都是沒有必要的。對待蠻不講理的人最好的做法就是送給他一個微笑，讓這樣的人自己來反思，讓時間來證明。當年偉大的科學家愛因斯坦就曾經遭遇過這樣的情況，他的相對論剛剛提出時，有許多人與他為難，並且據說有一百多位所謂的科學家聯合證明他的理論是錯誤的。愛因斯坦知道後，只是淡然一笑，說：「只要能證明我錯了，一個人就足夠了，幹嘛需要那麼多人呢？」時間最終證明了相對論的正確性，而那一百多人也最終被愛因斯坦的淡然一笑所打敗。

那麼，30+女人，妳們還在等什麼？趕緊行動起來吧！送給生活中所有人一個微笑，使自己保持愉快的心情，讓自己時時快樂，享受一個美麗的人生。

管好自己的嘴

語言是心靈的花，可以是良藥，也可以是毒草。可傷人於無形，也可滋潤心靈。

有個笑話說：「一個女人相當於五百隻鴨子。」能與鴨子畫等號的女人，需要怎樣突出的「嘴功」，這個笑話讓人明白，一個絮叨、無聊而俗不可耐的女人，是多麼惹人厭煩。

俗話說「禍從口出」，即使話多不一定嚴重到招禍，但能管住自己嘴巴的女人，也將自己的人生把握了大半。背後不論人惡，這絕對是最基本的道德。每個人都有對錯，但沒有人喜歡被人背後指指點點。那些背後論人長短的人，被稱做「長舌婦」，沒人願意跟這樣的女人共事，更別提共度一生，那恐怕是煉獄般的煎熬吧。所以，30+女人千萬千萬別讓自己成為這樣的人。

學會不發牢騷，無論在家裡，還是在公司。人生不會是一直一帆風順的，但也絕對不會因為幾句牢騷就改變本來情況，牢騷滿腹，只能證明妳沒能力上進又不安於現狀，這樣的人，無論上司還是同事，相信沒人會喜歡。若家裡有個這樣的女人，本來幸福的小日子，也會慢慢變味了吧。所以說千萬別學祥林嫂，因為可憐之人必有可恨之處，久了，就只剩可恨了。

傷感情的話，絕對不說，不管對誰。若情薄如紙，不必說，也必會四分五裂；若情深義厚，更不能說，因為再深厚的感情，也禁不起反覆割傷，妳若珍惜，就必須謹慎地將所有傷感情的話，像收藏利刃般，小心收起。

批評別輕易出口，如果不得不說，那請委婉些。人活一張臉，妳顧全了別人的臉面，別人自會放在心上。尤其是對孩子，妳永遠不知哪一句話會傷到了他小小的自尊，影響了本來的積極性。作為母親，一定要謹慎。至於男人，有很多時候更像孩子，需要理解和包容，所以不是萬不得已，不要批評，試著讓良藥也能不苦口。

讚美別羞於出口，坦率些，能讓別人心花怒放的機會，何必藏著？能看到別人的長處，說明妳有顆善良的心。說出來，別人或許當面會謙虛，但他內心，一定會格外高興。說不定心情一好，妳的日子也會好過。

讚美之詞，選對人、時、地點說，人生很複雜，有些時候，有些地點，當別人都在高調地給某個人戴高帽子時，妳也不能太特殊只安靜的愣在一邊，適當地說一點，就當做好事，滿足一下他的虛榮心吧，事後過了忘了。

別輕易許諾，做永遠比說重要。一個諾言就是一份債，許下的就是欠下的，若無十分的把握，千萬不要出口。否則，食言的後果，絕對是妳再做多少事都難以彌補的。多數時候，做了，別人必會看到，說不說，反而沒那麼重要。

一個女人，尤其是30歲以後的成熟女人，一定要管好自己的嘴。嘴管住了，生活就美好多了。

用理智控制自己的情緒

成功的秘訣就在於懂得怎樣控制痛苦與快樂這股力量，而不為這股力量所反制。如果你能做到這點，就能掌握住自己的人生，反之，你的人生就無法掌握。

——潛能開發專家，安東尼．羅賓斯

有些30+女人習慣隨意宣洩自己的情緒，完全不考慮周圍人的感受。她們可能在前一分鐘還在大聲說笑，突然之間就會沉默不語。有時候會莫名其妙地衝著周圍人亂發脾氣，其實誰也沒有招惹她們，只是她突然很鬱悶，然後就爆發出來。這樣做的結果只有一個，那就是顯得沒有品味，嚴重影響與周圍人的關係。

有時候，女人由於生理的原因非常容易情緒波動，並且不容易克制自己。外界的環境很容易影響女人的情緒，環境稍稍發生變動，可能女人就會歇斯底里。情緒化的30⁺女人就像七月的天氣，剛剛還是豔陽高照，下一分鐘可能就狂風暴雨伴隨著電閃雷鳴。每當情緒突然爆發的時候，女人都會好像不認識自己一樣。她們會想：「我怎麼會這樣？怎麼會這樣可怕？」

情緒化的30⁺女人常常讓親人和朋友不知所措。當女人心情好的時候，她們與親人、朋友的關係會很和諧，大家相處起來會非常愉快；一旦女人的情緒失控，周圍的人會非常壓抑，不知道怎樣做才好，於是氣氛就會變得很緊張。

家人、朋友對情緒化的女人是包容的，雖然他們會感到難過，可是他們不會忍心傷害妳，不會因為妳的惡劣態度而惱怒，更不會對妳反脣相譏、計較不停。可是，除了親人和朋友，誰會無休止地包容妳呢？因為不清楚妳會在何時何地爆發怒火，周圍的人會小心翼翼地與妳相處，慢慢地，周圍人會因為不堪重負而選擇離開，因為沒人願意在高壓下生活。女人如果太情緒化，她的生活肯定會一團糟，而工作和學習也可想而知。女人如果太情緒化，即使外表再美麗，也會給人留下庸俗不堪的印象。

情緒化帶給30^+女人太多負面的影響。30^+女人一定要學會克制自己的情緒。如果能使自己的心態處於平和的狀態，那麼她一定會渾身上下散發一種迷人的氣質。這種高雅的氣質會使周圍人產生願意親近的感覺，因此為她們贏得更多的人脈，使她們更有機會在事業上取得新的進展，生活也會更加幸福、有滋味。

30^+女人可以憂傷，可以發脾氣，可是不能一味沉浸在情緒的世界裡，女人更不可以因為自己的情緒而影響身邊人的生活。30^+女人千萬不能把壞情緒帶到生活和工作中，保持豁達樂觀的生活態度面對一切，回過頭來看看，就會發現生活和工作中並沒有那麼多的不平。

30^+女人要懂得控制情緒，學會謙讓他人，不抱怨生活，堅信生活永遠是多姿多彩的，雖然可能有風雨出現，可是風雨過後會有美麗的彩虹。

優雅的舉止遠比姣好的容貌更重要

貴族的氣質是可以培養的，只要你在生活中的一點一滴都足夠用心。

每當我們看著螢幕上的明星，不由得就會羨慕她們那嬌美的面容、魔鬼般的身材，暗恨老天的不公，自己為什麼就沒有這些呢？其實，如果妳仔細觀察，就會發現，一個相貌和身材俱佳的美女，如果舉手投足的姿態不夠優美，魅力就會大打折扣，而那些相貌身材普通但舉止優雅的女性卻可以顯出更大的魅力。對於女人來說，優雅的舉止遠比姣好的容貌更重要。

30歲以後，如果妳沒有姣好的容顏，如果妳的身材不夠完美，那麼不妨試著讓自己的舉止變得優美，同樣可以凸顯出高雅的氣質。那麼，女性怎樣才能擁有優美的舉止呢？

30歲以後，女人要明白，妳的行、立、坐、走都是優雅氣質的重要體現，這要從日常的一點一滴做起。養成習慣，擁有優美的舉止，是你勝利走向成功的一半。抬起頭，敢於展現自己，時刻展現妳的自信，是塑造優美舉止的第一步。在生活中，我們發現，如果經常低著頭，整個身體就會顯得特別鬆弛，這樣就會給人一種萎靡不振的感覺。相反，如果昂起頭，就會讓人覺得妳非常自信、神采飛揚。而且，抬頭會使面部輕微向上揚起，面部血液循環流暢，使皮膚變得更加緊致、紅潤、健康。

雙肩打開，秀出優美的肩部曲線。妳是否注意到，如果兩肩緊縮，肩胛骨就會特別突出，這樣不僅是姿態不夠優美，還會給人一種縮頭縮腦的感覺。相反，如若把肩打開，胸部就會自然上挺，手臂和背部也就會處於同一平面，肩胛骨也不會向外突出，從側面來看，妳從頸部到肩部的線條就會顯得修長而優美，整個人也顯得從容大方起來。

背部挺直，凸顯女性的優雅和高貴。在現實生活中，我們時常可以看到彎腰駝背的女性，這樣的女性不僅是看起來猥瑣卑微，還會給人一種不自信的感覺。要知道優美的背部曲線是女性性感的標誌之一，因此，我們必須保持挺拔的背部曲線。即便是在公眾場合需要鞠躬時，也要挺直腰背，這樣才顯得不卑不亢、優雅而高貴。另外，在撿東西時，也不要彎腰弓背、臀部高抬地去撿，這樣的姿態既不雅觀也不禮貌。這時妳應該一隻腳向前邁一小步，然後慢慢蹲下，雙膝併攏，再伸手去撿，即使這時上身也要保持直立。

雙手的姿態自然柔和，顯現女性的嬌柔之美。有的女性習慣性握拳或者五指併攏，這樣就會顯得中性化，失去了女性的特點。十指緊扣會讓人感覺緊張和拘謹，這樣的動作會讓人覺得妳不自信，反之，十指鬆開一些，會感覺比較放鬆，氣定神閒。良好的手部姿態可以讓女性顯得溫柔而嫵媚，平常妳可將食指與後面三個手指自然分開，這會顯得手指修長，手部線條柔美，這樣整個人也顯得優雅起來。

30歲以後，女性要擁有優美的舉止，就要在日常生活的待人接物、舉手投足間養成好習慣，走路穩重而不失優美，說話謙虛而不失從容，穿著得體而又時尚，要時時有意識地注意抬頭挺胸收腹，精神抖擻，這樣我們不僅可以擁有良好的體態，還可以提升自己女性的氣質，使我們的舉止變得優雅而性感。

學會處世，將從容淡定寫在臉上

有總是從無開始的，是靠兩隻手和一個聰明的腦袋變出來的。

——松蘇內吉

「曾經滄海難為水」，30⁺女人，無論是從情感上，還是處世上，都歷經滄桑，這時的她們如果對一切都抱著懷疑的態度，已然看透了人生，不再相信這世上有真、善、美，不再對生活充滿夢想與憧憬，與己與人都不好。學會處世，時刻保持樂觀、單純的心境，保持內心的淡定從容，也就成為了一門學問。

人們都說「男人是理性的，女人是感性的」，這話說起來雖然有些絕對，但也不無道理。在生活中，我們發現大多數女人無論是在職場中，還是在情場中，感性總是多於理性的。雖然，有時候女人的感性可以獲得別樣的靈感和收穫，然而，當女人不合時宜地表現出過分的感性時，難免會被人歸入「潑婦」、「庸俗」之流。所以說，對於30+女人來說，擁有一個成熟的處世態度，既能保持自身的神秘感，又能平添一種獨特的魅力。

30+女人，更應該積極地參加社交活動，無論是社會公益活動、集體旅遊，還是家庭派對、KTV等。在活動中，尤其是公眾活動中，表現既要穩重，也要熱情，話不要太多，也不要總是保持沉默，要得體地與大家交流共同關心的話題。說話時，報以微笑，會讓人覺得妳很優雅，又不失風度。

30歲以後，女人還要努力培養自己的自信和綜合能力，努力提高自己處理各種複雜問題的能力。考慮事情要從大局出發，對上不卑不亢，對下恩威並重，並能夠有技巧地說「不」！在遇到大家討論問題時，不要急於表態，那樣會給人浮躁的感覺，要知道，很多時候沉默依然是金。

30歲以後，女人要掌握與人溝通的技巧。都說溝通是女人的天性，在碰到問題時，一定要設法進行交流，不然問題會越積越多，甚至到了不可解決的地步。

平時多讀書，可以開闊我們的視野，陶冶我們的情操，多參加各種學習活動，從各方面提高自己，要知道只有掌握更多的知識，才能運用不同的方式方法和形形色色的人進行溝通交流。

30歲以後，女人遇到問題或挫折時，不要著急，要冷靜下來，認真思考，妳要相信，沒有過不去的困境，一切問題都會解決的。碰到讓人生氣的事情，切記不要發火，要努力使自己冷靜下來，然後再做決定，有些事情一旦爆發，常常是無法彌補的。對他人不要苛責，要學會緩解和釋放壓力，保持良好的心態，心平氣和地做人做事。

總之，30歲以後，女人要讓自己變得聰明起來，智慧一些，首先得「慧中」，然後「秀外」，這樣才可以真正地讓人賞心悅目。

女人30+活出最出色的自己

作　　者　亦清

發 行 人　林敬彬
主　　編　楊安瑜
責任編輯　陳亮均
助理編輯　黃亭維
美術編排　于長煦（帛格有限公司）
封面設計　洪祥閔

出　　版　大都會文化事業有限公司　行政院新聞局北市業字第89號
發　　行　大都會文化事業有限公司
11051台北市信義區基隆路一段432號4樓之9
讀者服務專線：(02)27235216
讀者服務傳真：(02)27235220
電子郵件信箱：metro@ms21.hinet.net
網　　址：www.metrobook.com.tw

郵政劃撥　14050529 大都會文化事業有限公司
出版日期　2013年3月初版一刷
定　　價　250元
I S B N　978-986-6152-68-9
書　　號　Growth-056

大都會文化
METROPOLITAN CULTURE

國家圖書館出版品預行編目資料

女人30+活出最出色的自己 / 亦清著. -- 初版. --
臺北市：大都會文化, 2013.03
256 面；21×14.8 公分. -- (Growth056)

ISBN 978-986-6152-68-9（平裝）

1.生活指導　2.女性

177.2　　102002044

大都會文化　讀者服務卡

書名：**女人30⁺活出最出色的自己**

謝謝您選擇了這本書！期待您的支持與建議，讓我們能有更多聯繫與互動的機會。

A. 您在何時購得本書：______年______月______日

B. 您在何處購得本書：____________書店，位於____________(市、縣)

C. 您從哪裡得知本書的消息：

1.□書店　2.□報章雜誌　3.□電台活動　4.□網路資訊

5.□書籤宣傳品等　6.□親友介紹　7.□書評　8.□其他

D. 您購買本書的動機：（可複選）

1.□對主題或內容感興趣　2.□工作需要　3.□生活需要

4.□自我進修　5.□內容為流行熱門話題　6.□其他

E. 您最喜歡本書的：（可複選）

1.□內容題材　2.□字體大小　3.□翻譯文筆　4.□封面　5.□編排方式　6.□其他

F. 您認為本書的封面：1.□非常出色　2.□普通　3.□毫不起眼　4.□其他

G. 您認為本書的編排：1.□非常出色　2.□普通　3.□毫不起眼　4.□其他

H. 您通常以哪些方式購書：(可複選)

1.□逛書店　2.□書展　3.□劃撥郵購　4.□團體訂購　5.□網路購書　6.□其他

I. 您希望我們出版哪類書籍：（可複選）

1.□旅遊　2.□流行文化　3.□生活休閒　4.□美容保養　5.□散文小品

6.□科學新知　7.□藝術音樂　8.□致富理財　9.□工商企管　10.□科幻推理

11.□史地類　12.□勵志傳記　13.□電影小說　14.□語言學習（_____語）

15.□幽默諧趣　16.□其他

J. 您對本書(系)的建議：

____

K. 您對本出版社的建議：

____

讀者小檔案

姓名：______________　性別：□男　□女　生日：____年____月____日

年齡：□20歲以下 □21～30歲 □31～40歲 □41～50歲 □51歲以上

職業：1.□學生 2.□軍公教 3.□大眾傳播 4.□服務業 5.□金融業 6.□製造業

7.□資訊業 8.□自由業 9.□家管 10.□退休 11.□其他

學歷：□國小或以下 □國中 □高中／高職 □大學／大專 □研究所以上

通訊地址：____

電話：（H）______________（O）______________ 傳真：______________

行動電話：________________E-Mail：____________________________

◎謝謝您購買本書，也歡迎您加入我們的會員，請上大都會文化網站 www.metrobook.com.tw 登錄您的資料。您將不定期收到最新圖書優惠資訊和電子報。

北區郵政管理局
登記證北台字第9125號
免　貼　郵　票

大都會文化事業有限公司

讀　者　服　務　部　　收

11051台北市基隆路一段432號4樓之9

寄回這張服務卡〔免貼郵票〕
您可以：
◎不定期收到最新出版訊息
◎參加各項回饋優惠活動

大都會文化
METROPOLITAN CULTURE

大都會文化
METROPOLITAN CULTURE